| 대한사이버문학 제21집 |

환청

http://cafe.daum.net/hankuk2003

오늘의문학사

창작의 초심을 일깨워주는 대한사이버문학

서 혜 원
(대한사이버문학 설립자)

작가는 신의 오묘한 창작품인 인간과 자연을 탐구하고 그 속에서 신의 의지를 발견하려 하며 신처럼 전지전능하고자 합니다. 그만한 배짱(?)이 없고서는 개성 있는 작품을 탄생시키지 못할 것입니다. 그래서 작가는 신과 인간 사이에서 무수히 갈등하는 존재인가 봅니다.

문학에의 꿈을 이루고자 대한사이버문학에 작품을 발표한 지 십년이 넘었습니다. 글을 쓴답시고 보낸 세월 30년 중, 대한사이버문학 동인님들과 보낸 시간이 가장 편안하고 행복했던 것 같습니다. 왜냐하면 발표할 수 있는 지면이 자유롭고 무엇보다도 감수성 넘치는 동인님들의 작품은 창작의 초심을 일깨워 주기에 충분했습니다.

창작에만 전념하는 전업 작가로는 살아가지 못하고 있지만, 역으로 전업 작가로 살게 되지 않아 차라리 다행이라는 생각을 합니다. 생활에 쫓겨 창작에 전념하지 못하는 동인님들을 진심으로 안타까워합니다.

하지만 우리는 오랜 세월 우리들의 몸에 밴 글쓰기 습관을 쉽게는 내려놓지 못할 것입니다. 꾸준히 신의 영역을 기웃거리며 신의 창작품인 사람을, 자연을 노래할 것이며, 열심히 창작의 혼을 불러들이려 애를 쓰고 있을 것이기 때문입니다.

세상에는 누릴 것들이 풍성함에도 불구하고 고통스런 창작의 세계에 발을 담그고 계신 동인님들께 다시 한 번 힘찬 격려의 박수 보냅니다. 이젠 왜 이 험한 길을 선택했을까. 자책하며 회의할 시기는 지났다고 생각합니다. 창작에 인생을 몽땅 올인 하겠다고 호기를 부릴 만큼 어리지 않습니다. 앞으로 님들께 바라는 것은 그 어떤 이유로든 건강을 해치는 일은 하지 않기를 바랍니다.

새로운 동인지가 출간될 때마다 여전히, 첫 출간 때처럼 가슴이 설렙니다. 21호에도 귀한 그림을 표지화로 주신 백규현 화백님! 진심으로 감사드립니다.

출판을 맡아 고생하신 '오늘의문학사' 편집 팀께도 변함없는 감사의 인사 올립니다. 스물한 번째 기쁨을 안겨주고 계신 대한사이버문학 동인님들의 노고에 깊이 고개 숙여 감사드립니다. 님들의 빛나는 문운과 건강이 함께 하시기를 기원합니다. 21호가 탄생하기까지 물심양면으로 지원해주신 대한사이버문학 동인님들! 사랑합니다.

2014. 3.

수필

동화 · 소설

대 · 한 · 사 · 이 · 버 · 문 · 학 · 21집

시_류인복 봄비 오는 시골풍경 외
박덕균 섣달 보름 외
박은경 친정 나들이 외
서병달 눈 오는 날의 단상 외
서창원 어머니 외
임동미 후에 외
최춘자 노을 외
황의진 빈민 외

시조_이상야 봄, 할머니 외

http://cafe.daum.net/hankuk2003

봄비 오는 시골풍경

삿갓 쓸까 접살 쓸까
아닐세, 아닐세, 고마운 비 맞으며
이랑을 타야지
보슬비 맞으며 이랑 타는 남정네여

푸른 꿈 안고서
남정네가 탄 이랑에 씨 뿌리는 아낙네여
하늘땅 끝까지
같이 가자 밀며 끌며 평생을 살아온

시골아낙 시골남정
얼굴주름 깊어가도 마음은 두둥실
봄비가 주는 기쁨
푸른 꿈 가득안고 골타고 씨 뿌리고

* 접살 : 접사리방언

· 1952년 남해 출생
· 노동부산하 노동문제연구원 수료
· 현재 회사원
· 대한사이버문학 동인
· e-mail : dng54@hanmail.net

ㅎㅎㅎ

하늘이 열리고
땅이 꺼지던 날

천지는 깜깜한 데
천진한 손주 녀석

우리 할매 죽었다
우리 집에 사람 많다

깡충깡충 손주 녀석
자랑이 한창이네

웃음보 터뜨리는
저 천진한 손주재롱

재롱떠는 손주 보며
가신님도 웃으실까

흰 머리

아직도 님을 맞을 아무런 준비가 없는데
연통도 없이 와서 지붕위서 몰래보고 있음은
왜이오니까?

오신다는 기별이라도 넣었으면
몸단장 집 단장이라도 하였을 것을
왜 단장할 기회도 안 주오니까?

수십 년을 기별도 없더니
아무런 준비도 해둔 게 없는데 이렇게 어이없고 황당하게

님을 맞아야만 하오니까?
잠시 물렀다가 아들 딸 출가한 후
기거할 방 칸이라도 마련하여 그 땐 정중히 모시리다
그 때는 동구 밖서 기별주소서

쐐주 한 잔

술잔에 낙망 부어
주거라 받거라

동료 진급하고
나는 오리 알

상사 안주하여
홧술 마시고

들이키는 쐐주 잔에
스트레스 웃누나

신임 왔다 한잔
구임 간다 한잔

허공에 술 잔 띄워
세상의 한(恨)마신다.

그 한 다 마시면
행복 올려나

이혼의 그늘

엄마
아빠 언제와
돈 많이 벌어서

8년이 지나서야 나는 알았다
오지 않을
아빠란 것을

우리 집 놀려가자
내미는 친구우정
하늘이 까맣고

아빠 모시고 와
선생님 뜻 없는 무심함에
하늘이 노랗다

생선 냄새 풍기며
잠자는 엄마가
위대하고 측은하다

아빠 싫어
아빠 싫어
그래도 아빠는 싫어

난전 할매

파리한 입술
누더기 담요 엉덩짝 깔판

아가 오막 손 같은
배추뿌리 몇 개 시금치 냉이 달래

풋고추 피망
팽이버섯 싸리버섯 녹두 한 사발

콩 한 사발
깐 마늘 가지 수야 셀 수 없다

행인 좇는 할매 눈길
붙들린 행인하나

할매요 죄다 얼만교
모옹땅 1000워~언

파 다듬던 손 멈추고
비닐에 주섬주섬

언제 팔아 돈 될꼬
느릿느릿 할매 손

거적문 속 영감인가
며느리 버린 손주인가

할매 눈 길
날 따라온다.

인과응보

목말라
물마시니
이내
정낭 가고 싶다

신부아비

멋진 사내
우아한 여인

먼 길 가는 두 사람
멋진 차림새

산 길
들 길

강 건너
산 넘어

해가 저물 때까지
길이 먼데

밥이나 든든히 먹었을까
물이나 챙겨 가는지

어이 어이 잘 가거라
웃으며 보내지만

생시동실(生時同室)
생후동혈(生後同穴)

그럼이 당연한데
그게 그리 어려울까

걱정 반
축하 반

손수건 훔치며
돌아서는 신부아비

* 결혼이 무엇인고?
서화시문(書畵詩文)에 출중한 조맹부가 묻고 답하기를
— 生時同室=살아서 한 방을 쓰고
— 生後同穴=죽어서 한 무덤에 묻힌다. 라고 했다합니다.

장 담그는 날

먼 산
산마루에 잔설이 남아있는
옷깃 여미는
쌀쌀한 초 봄날에

종부 손길
올방돌방 바쁘기만 하구나
일 년 묵힌
메주는 문질러 씻어주고

맑은 물에
소금 풀고 계란 띄워 농(濃)맞추고
숯 고추
띄워서는 궂은 냄새 없애는구나

음식 맛은
장맛이라 종부 정성 저러한 데
뉘라서
탓 할까나 큰집 종부 저 정성을

아래 동서
손길 닿은 반질반질 장독대는

양지 바른
언덕 아래 일 년 내내 버틸 요량

허드렛일
아래 동서 허리 펴며 하는 말씀
못해 못해
더는 못해 아래 동서 꾀병보소

햇살 드는
툇마루에 손자 안은 시어머니
그 시절
다 겪었다 살포시 웃고 있네

선달 보름

임진년 선달 보름
영하 12도를 넘나드는 새벽에도
달빛은 왜 이리도 포근한지
가슴 한편이 유난히 시리다

흑룡의 비상도 보름 후면 긴 동면에 들고
흑사의 뜨거운 몸부림으로 새해가 열릴 터인데
나는 내 마음 밭을 아직도 다 일구지 못하고 있다

껍데기는 천명이란 허울을 뒤집어쓰고
온갖 잡스러운 흉내 다 내고 있지만
정작 마음 밭엔 거름 한번 제대로 못 내고
추수 한번 제대로 못 하고 있다

· 1963년 경기도 여주 출생
· 여주고 졸업
· 2012년 〈문학사랑〉 시 부문 신인상 당선
· 문학사랑협의회 회원, 대한사이버문학 동인
· 문학사랑 50회 인터넷문학상 수상
· e-mail : pdkun@daum.net

미망(迷妄)의 늪에 빠진 것인가?
그러려니 하고 살자니 세상이 아프다 하고
동기를 부여하자니 세상이 재미없다 하고
술타령이나 하고 살자니 세상이 짜증을 낸다.

유머나 개그를 잃어간다
복잡한 게 싫어지고 만사 흥미 없다
멍 때리는 횟수가 늘어가고 눈물샘이 깊어졌다
어디로 가고 있는 것인가?

마음 밭에 꽃도 심어야 하고
채소도 심어야 하고 나무도 심어야 하는데
밑거름을 잘못 주어서 그런지
밭을 일구기가 여간 어려운 게 아니다

임진년 섣달 보름
유난히 포근한 달빛에
여명의 발걸음은 더뎌지고
마음 밭을 일구지 못한 한 미망(迷妄)은
가슴 한편이 왜 이리도 시린지

세상이 뜨겁다

이틀째 눈으로 덮인 세상은
올림픽 기록을 깨듯 찾아온 한파로
꽁꽁 얼어있고
노숙을 하던 차들은
밤새 쪼그려 잠자고 있던
심장에 불을 지피려
낑낑대며 발버둥을 치고 있다

세상이 온통 하얗다
아파트주차장도
청심로도
강변도

강변에 놓인 벤치에는 듬성듬성
하얀 추억이 머물다 가고
가로수들은 저마다 제 몸에 맞는
눈꽃을 찾아 치장을 하고
몇 날 며칠 쓸쓸하다고
투정을 부리던 강도
제풀에 심장이 뜨거워지는지
더운 김을 뭉게뭉게 토해내고 있다

영하 16도
하얀 세상에 굴절된 아침 햇살에
햇빛가리개를 내리는 희망의 아침
강은 뜨겁고
세상도 뜨겁다

CCTV

내가 보고 있는 눈은 서른하고도 아홉 개
한 개의 눈은 서른아홉 개의 눈을 보고
서른아홉 개의 눈은 서른아홉 곳의 세상을 본다.
일 년 내내 늘 똑같은 세상을 보고 있지만
그곳 세상이 늘 똑같은 풍경은 아니기에
시나브로 감시의 눈을 풀어놓아선 안 된다

한 개의 눈은 지쳐있다
서른아홉 곳의 눈과 스물네 시간 동안 눈을 맞추어 주려면
한 개의 눈은 핏발이 설 만큼 피곤하다
그러나 쉴 수가 없다
지친 한 개의 눈이 서른아홉 개의 눈을 접고
또 다른 세상에 들어서면 이번엔 셀 수도 없는
눈들이 여기저기 숨어서 잠복근무하며
한 개의 눈을 감시하고 있다
한 개의 눈은 불안에 떨며 또 핏발이 선다

갈 곳이 없다
중앙에 있는 눈은 또 어떤 눈인가
한 개인가 두 개인가
내가 감시의 눈을 늦추지 않듯이

그 눈도 필사적으로 감시의 눈을 늦추지 않을 게 분명한데
어디로 가야 잠시라도 긴장의 끈을 늦출 수 있을 것인가
한 개의 눈은 어떻게 그 많은 눈을 벗어날 것이며
정 한 톨 없는 이 감시의 바다에서 어떻게 유영할 것인가?

곁에 있어도

늘 보고 싶은 사람이 있습니다
특별히 원하는 것도 없으면서
안 보이면 허전하고
아프면 화가 나고
먼 길 나서면 불안하고
사랑보단 정이 더 깊어
곁에 있는 것만으로도 위안이 되는 사람
그런 사람이 있습니다

늘 보고 싶은 사람이 있습니다
특별히 해줄 것도 없으면서
약속시간 늦으면 허전하고
바쁘다고 하면 화가 나고
늦은 시간 전화가 안 되면 불안하고
어머니의 품처럼 한없이 그리워
내 삶의 운명보다 더 운명 같은 사람
그런 사람이 있습니다

사랑은 참고 기다림의 미학이 우선인 줄 알지만
이런 거 저런 거 다 어리광으로 치부하더라도
늘 보고 싶은 사람이 있습니다

까치집

비가 오는 날
깊이 들지 못한 부산스러운 잠이
흐트러질 때면 까치는 다녀간다.
흔적만 남기고

전깃줄 밑에
듬성듬성 실밥이 터진 가로수는
찢어진 우산도 되지 못했을 것이다

봄의 전령처럼 다녀간 까치는
그 어떤 소식도 전하지 않았다
아니, 분명 무슨 메시지를 전하려고
다녀간 듯하지만
난 밤새 빗줄기에 차단된 어둠에 묻혀
까마귀가 되어 버렸다

메시지의 내용을 알기란
윤슬에 헐려버린 까치집처럼
각성제 하나 물고 깨닫기를 바라듯
요원해진다

스산한 바람을 타고
달려온 새벽은 비에 젖고
면벽한 영혼은 빗물에 떨어져
파랑이 인다

메타세쿼이아

해마다 가을이면
촛불을 밝히는 놈들이 있다
원하는 것도 없으면서
보아 달라는 것도 아니면서
기념일 매스게임을 하듯
질서정연하게 줄을 이어 서서
묵묵히 촛불을 밝히는 놈들이 있다

탄핵소추안을 반대하는 것도 아니고
국가보안법을 반대하는 것도
쇠고기 수입중단을 요구하는 것도 아니다
그저 봄부터 가을까지
하늘을 향해 푸르게 푸르게
저 높고 맑은 세상을 향해
푸르게 살게 해 달라고
저렇게 시위를 하는 것이다

여주정수장 조경수 메타세쿼이아
다 타버린 촛불을 내려놓고
"나는 심지가 있는 놈이다." 하며
한겨울 삭풍 속에 속살을 드러내 놓고
또다시 한세월 푸름을 위해
하얀 눈밭에서 질주의 욕망을 접고
제 살에 입힐 촛농을 만드는 중이다

목련은 피고 있는데

관리사무실 모서리 한쪽에
덩그마니 서 있는 공중전화
오랜 기다림에 지쳐있다

추적추적 빗방울은 흩어지는데
바람벽은 여기저기 찢겨
가뜩이나 야윈 얼굴이 휑하다

삼백예순 하고도 닷새
에누리 하나 없는 모진 세월
부스 안에 놓인 정원석 하나가
쓸쓸함의 무게를 더하고 있다

사랑하는 사람의 따뜻한 목소리
보고 싶은 어머니의 포근한 목소리
가난한 시인의 간절한 목소리

이젠 들을 수 없다.
싸늘한 먼지 같은 세상
눈물이 찔끔 나도록 살가운 이야기
기다림의 굴레에 묻혀 버렸다

목련은 하얗게 피고 있는데

바람의 향기

바람에도 향기가 있음을 바람은 알지 못했다
바람은 늘 향기를 가지고 싶어 향기를 찾아 온 세상을
정처 없이 떠돌아다녔다
산엘 가면 산의 향기가 부러워
"산아, 너는 어쩌면 그리도 향기가 좋으냐?" 하며 안달복달하고
바다로 가면 바다의 향기를 동경하여 몇 날 며칠 떠날 줄 모르고
들에 나가 꽃을 보면 꽃의 향기를 시샘하여 이름 모를 풀들에게
자신의 향기 없음을 하소연했다
어느 날,
바람이 지쳐 잠이 들던 날 세상은 향기를 잃어 버렸다
세상 어디에도 향기는 존재하지 않았다
악몽에 시달리다 잠이 깬 바람은 세상에 향기가 사라짐을
서러워했다
아니, 자신이 그 향기를 대신 채워주지 못함을 못내 아쉬워했다
바람은 끝내 눈물을 버리고 용기를 내었다
바람이 다시 향기를 찾아 길을 떠나자 세상은 다시
향기가 나기 시작했다
바람은 신이 나서 세상천지를 춤을 추며 헤집고 다녔다
하지만 바람은 언제까지나 자신의 향기를 찾지 못했다
그래도 바람은 자존심을 숨기고 희망을 놓지 않은 듯했다
바람은 지금도 자신의 향기를 찾아 온 세상을 떠돌고 있다.
마치 꿈을 찾아 떠나는 마시멜로처럼

사랑한다는 것은

사랑한다는 것은
생각만 해도 가슴 떨리는 일이라
나는 그것이 늘 서툴고 쑥스럽다
세상에 나와 사랑받지 않은 날이 없고
사랑하지 않은 날이 없거늘 사랑은 언제나
가슴 한편에 웅크리고 앉아 날개를 접고 있다
지금도 나는 사랑을 표현하려 함에
연필을 내려놓고 한참을 고민하고 있다

사랑한다는 것은
아침이슬이 간밤의 목마름을 적셔주듯
한낮의 태양 아래 산들거리는 바람이듯
그렇게 담담하고 은은하게 할 일이다
세상 모든 생명을 보듬고도
그저 내어주기만 하는 대지의 사랑처럼
말하지 않아도, 표현하지 않아도
사랑하고 있음을 그저 정(情)으로 치부하더라도
그 진솔함을 겸손하게 받아들여
잔잔히 가슴에 묻어 둘 일이다

사랑한다는 것은
곁에 있어도 늘 보고 싶은 사람이 있다 한들
언제나 서툴고 쑥스러운 일이다

선글라스

세상이 진국이다
오십 년 만에 처음 사들인
제대로 된 선글라스
밤새 우려낸 사골 육수처럼
세상이 왜 이리 시원한가

산중의 고승은 깨달음을 얻어
세상이 달리 보이고
대중의 시인은 신문을 타고 보니
세상이 달리 보인다는데
가난한 글쟁이는 색안경 하나 사니
세상이 온통 진국이다

중천의 햇살 아래 꾸벅꾸벅 졸고 있는
강변 벤치의 초췌한 아저씨
눈치 볼 필요 없고
빵~ 빵 경적소리 춤추는 도로가
위태위태하게 파지 줍는 할머니
눈치 안 봐도 되고
담배 꼬나물고 말끝마다 욕지거리 난무하며
노상방뇨 하는 청소년들에게
눈살 찌푸리지 않아도 되니
참, 세상 진국이다

색안경 하나 쓰고 이리 쉽게
그 지긋지긋한 온갖 번뇌를 감출 수 있으니
얼마나 좋으냐
그래도 참을만한 세상인 것 같다
곧 해탈이다

친정 나들이

오랜만에 다니러 온
딸과 사위가
너무나 어여쁘고 사랑스럽다.

엄마 돈은 No Good 이라며
극장에서 식당에서 주유소에서도
사위가 번번이 계산을 한다.

닷새 후 귀갓길에
노잣돈 건네며
친정아버지를 흉내 내 본다.

· 1961. 10. 14(음) 서울
· 〈문학사랑〉 수필부문 신인상 당선
· 서울에서 고교 마치고 미국으로 건너가 어학과 교육신학을 마침
· 문학사랑협의회 회원, 대한사이버문학 동인
· 현재 미네소타 주에 거주
· e-mail : ukg7742@hanmail.net

병상의 내 아버지
노잣돈 못 주셔도
변함없는 나의 뿌리 나의 버팀목
언제나 돌아가고픈 내 고향이다.

가을과 겨울 사이에

빨간 고사리 손
노란 부채 들고
감잎 조각배 타고
태평양을 건넜네

고향 언덕 낙엽들이
멀리멀리 날아와
미네소타 시골 마을
탁자 위에 앉아있네

집 앞 작은 연못에는 살얼음이
나풀나풀 날리는 하얀 눈발이
어머~ 벌써 겨울인가 봐

고운 색깔 파랗게 질려
꿈속에라도 돌아가고픈
그리워라 고향의 품이여!

눈 오는 날의 단상

눈이 내리면 뽀얗게 물든
아름다운 세상
눈이 마음에도 내렸으면 좋겠다

칙칙하고 어두운 마음을 덮어
눈이 녹으면 따라서
녹으면 좋겠다

아름다운 세상을
아름다운 눈으로
아름다운 마음으로 바라보면서
눈 속에 파묻히면 좋겠다

· 대한문학세계/가을 소묘
· 경남
· 방송대 국문과
· e-mail : smupil@hanmail.net

눈 속에 파묻혀
떼구루루 굴러다니다
눈사람이 되었으면 좋겠다

햇살이 쨍하고 내려 쪼이면
천천히 물로 녹아내려 세상을
깨끗이 씻어줄 수 있으면 좋겠다

당신께

내가 당신을
좋아한다고 말하면
아버지 같은 넓은 가슴으로
귀 기울여 주실 건가요?
소라 같은 당신의 귀에
사랑한다고 속삭이면
어머니 같은 자애로움으로
해님 같은 웃음 주실 건가요?

당신이 아버지 같은 넓은 가슴을
가졌을는지
당신은 어머니 같은 자애로움을
가졌을는지
떨리는 가슴을 안고
당신의 그림자만
밟고 있습니다

당신께 묻건데
나의 이 떨림을
어떻게 어루만져
주실 건가요?

마음

몸은 늙어가도
마음은 한결 같은데
눈송이처럼 순백한 마음은
찾을 길 없다
행여 그 마음 남았는지
두드려보면
청아했던 목탁소리
들리지 않고
부지깽이 부딪치는
둔탁한 소리가 난다
몸은 늙어가도
마음은 여전한데
눈송이처럼 순백한 마음은
어디서 헤매고 있을까

마음은

몸은 세월에 겨워 쳐져 가지만
마음은 세월을 거슬러 오른다
체면을 걷어내니 이 나이에도
못할 일이 없을 것 같다

이쁜 젊은 여자들을 보면 눈이 바쁘고
멋있는 여자를 보면 한 번 더 보고 싶고
매력 있는 여자를 보면 머릿속에 상이 박혀
몇 날 며칠을 설레는 가슴으로
잠 못 이룬다

사랑 노래 들으면 마음이 들뜨고
이별 노래 부르면
까닭 모르게 울적해지면서
사춘기 적 기분에 빠져드는 것은
귀소본능 같은 것일까

체면을 걷어내니 이 나이에도
똬리 틀고 앉았던 젊음이
시도 때도 없이 머리를 치켜든다
세포는 낙엽처럼 떨어져 가지만
마음은 여전히 물오른
봄이다

빈 자루

바람이 잦아들면
흩날려진 쓰레기가
미화원의 직무유기를 증거한다
바람이 불어 쓰레기가 흩날리면
지체 없이 달려가 체포하여
빈 자루에 유치해야만 한다

빈 자루에 유치된 쓰레기는
바람이 불어도 흩날리지 않고
직무를 이행한 미화원의 행위는
당위성만 있을 뿐이다

달이 차면
너덜너덜한 통장에는
최저노임단가로 월계산한
노임이 입금될 것이다
그 속에도 삶은 있어
서글픔 속에서도
빈 자루는 쉽게 손에서
떠나지 않을 것이다

빗소리

어스름을 타고
콩나물 대가리가
우수수 떨어집니다
토닥이는 손길에서는
자장가의 선율이 흐르고
빈 가슴에선 아직도
젖비린내가 나네요
어머니여!

아직도 쓸지 못하는 것들

바닥을 쓴다
어떤 바닥이든
어떤 쓰레기든
보이는 대로 있는 대로
그냥 쓸 뿐이다

하루에도 수백 번
허리 굽혀 줍는다
어떤 쓰레기든 누가 버렸든
보이는 대로 있는 대로
주울 뿐이다

쓸고 줍는 이유는
더럽기 때문이다
그리고 내가
할 일이기 때문이다

보이는 것은 쓸고 주울 수 있는데
산전 · 수전 · 공중전까지 치른 육십 마당에
지금도 쓸고 줍지 못하는 것이 있다
어떻게 쓸어야 할지
무엇부터 주워야 할지
마음속의 쓰레기들

이승의 업보를 갚는 일은

사춘기 적에
집골목에서 들었던 빗자루가
장년에는 현해탄 너머
파친코 장에서 청소기로 변해
담배꽁초를 빨아올렸다
신 장년층에 접어들면서
대형마트 미화원을 거쳐
상수원 보호구역 감시원 겸
미화원이 되었다
살아오면서 나팔꽃처럼
반짝했던 기억은 간이역의
추억처럼 아련하고
또렷하게 기억해야 할 것은
내생에는
큰 청소회사 대표가 되어
이승의
업보를 갚는 일이다

현주소

바닥에는 내가 할 일이 있다
누가 버렸는지 어디서 날라 왔는지
거미줄보다 촘촘한 신경망은 정전되었다
줍고 쓸고 치우면 그뿐

내 눈은 쓰레기통만 본다
얼마나 쓰레기가 찼는지
누가 쓰레기를 슬쩍 갖다버렸는지
망원렌즈보다 정교한 시신경은 마비되었다
가득한 쓰레기봉지를 끄집어내고
새 쓰레기봉지로 바꾸면 그뿐

내 눈은 하늘을 보는 일이 없다
하늘을 보면 내가 할 일이 없다
나르는 새를 쫓아 갈 수도 없고
허공을 가르는 구름을 잡을 수도 없다

바닥은 내 생계의 원천이다
최저노임단가에 생계를 매달았지만
이 추운 겨울날 노숙하지 않고
가끔 대패삼겹살로
때로는 삼겹살로
소주 한 잔

기분 좋게 할 수 있다
이것은 내 인생의 즐거움
그리고 행복 이것이
내 인생의 현주소다

좋다가 마는 날

오후 한 때
잠간 스쳐간 게 있다
가랑비다
하늘에 먹구름 일고
천둥 몇 번 치고
바람 불더니
가늘게 내리는 비에
횡재수를 보았다
노천에서 일하는 날품팔이는
오후에 비라도 오는 날이면
마주보며 씩 웃는다
오전 비는 반대가리
오후 비는 한 대가리
덧붙은 반대가리는 공돈 같다
소주 한 잔 더 마실 명분도 된다
주섬주섬 작업도구를 챙기고
가방 매고 나서는데 바람
자더니 설마 하던 어설피 오든
비까지 그쳤다
동작 빠르게 차 몰고 달리는 놈한테
작업반장 휴대폰의 신호음이
날아간다

어머니

1. 뿌리

수많은 이파리의 그늘 속에서
흔적조차 느끼지 못했었지

풍성한 열매를 떠받들고 있느라
땀에 땅 흠뻑 젖는 줄 몰랐었지

모두가 떠난 앙상한 자리를
찬바람이 뚝 뚝 분질러놓고 있는데

아! 그제야 불쑥 더 커 보이는
꿋꿋했던 존재, 홀로여!

· 文惠 서창원
· 1962년 6월 3일(음력) 강원도 철원 출생
· 강원대학교 식품공학과 졸업
· 서울메트로 재직
· e-mail : scw62@hanmail.

2. 족적(足跡)

투명 빛 마스크를 쓰고 있는 당신의
굳은 관절을 조금이라도 풀려고
아래위로 훑으며 굽혔다 폈다
등허리를 흠뻑 적셔보지만

아차하면 부러질 듯
겨울 고목으로부터
손을 떼며 고개를 숙이고 있는데
눈에 들어오는 유난히 큰 발

출격 채비를 마치고 곧 떠오를
비장한 모습의 전사(戰士)는
뚜렷이 그 모습을 남기신 채 도약하여
훨훨 비행하는 꿈을 꾸고 계실까?

새는

새는 나무의 가슴속에서
아무런 걱정 없이 편히 산다

새는 외롭고 슬프다 안타깝게 죽은
썩은 나뭇가지로 정성껏 집을 짓고
그들을 항상 기리며 경건히 지낸다

온갖 위협의 바람에 시달리면서도
자신들의 생명과 거처를 안전하게 지켜주는
나무에게 늘 고마워하는 새는

탁 탁 탁 병들은 그들의 환부를
깨끗이 제거해주며 하루 빨리
완치되어 새순 돋기를 진심으로 기도한다

오오! 무한한 포옹과의 어울림 속에서
빛 부신 향연의 조각들을 물고
하늘 높이 날아올라 자유롭게 뿌리는
새는.

애기똥풀

중학교 때 개울 건너 사는
병주네 집에 자주 놀러 갔었다
갈 때마다 친구 엄마는 우리에게
감자와 옥수수, 고구마를 쪄서 주셨고
중얼중얼 건넌방의 할머니께도
그것을 디밀어 주셨다
어느 날 친구 엄마가 시내로 볼 일 보러 나가셨을 때
놀던 공이 그 앞에 떨어져 주우러 갔다가
우연하게도 뚫어진 창호지 안을 보게 되었는데
아 어찌나 뭉텅뭉텅 핀 꽃밭 속에서
꽃을 머리에 꽂고 예쁘게 화장한 채
마냥 즐거워하시던지

나 그대를 사랑하면 안 될까요

그대의 작은 웃음에도
내 인생 전부가 기뻐지는데
나 그대를 사랑하면 안 될까요

그대가 던지는 한마디 말에도
내 마음 전부가 흔들리는데
나 그대를 사랑하면 안 될까요

그대가 내 손을 살짝 잡아주면
이 세상 모든 사랑 그대에게 주고픈데
나 그대를 사랑하면 안 될까요

그대가 잠시 눈을 감고 있어도
온 세상 모두가 평안하다 느끼는데
나 그대를 사랑하면 안 될까요

이제는 그대 마음 내게 심어져
그대로부터 영원히 벗어날 수 없는데
나 그대를 사랑하면 안 될까요

절망은 없다

사람들은
살아갈 일에 의지가 바닥나서
정신과 육체도 방황하게 되는
극한 상황에서 좌절할 때
절망을 느낍니다

삶의 벼랑 끝에서
눈물로 강철 무지개를 지우듯
자신을 버릴 때
아득한 허공으로 소멸하게 됩니다

하지만 끝이 새로운 시작인 것을
대나무 끝에서
새로운 마디가 생성되듯
더 이상 절망할 수 없는 절망은
강철 같은 희망이 됩니다

우리가 비록 고난의 길에 서 있어도
얼음장 밑으로 봄이 흐르듯
가슴속에 움트는 꿈이 있다면
절망이라는 혹한도
새 봄을 기약하는 희망인 것을

내 안의 또 다른 나

나는 내 속에 존재하고 있는
또 다른 나와 함께 살고 있다

그의 수려한 용모와 학식과 재능을
부러워하기도 하고, 만족해 보이는
그의 삶에 뛰어들기도 하지만
보이지 않는 절벽 앞에서
번번이 주저앉곤 한다

내가 사는 동안
아니, 죽어서도 영원히 그를
잊지 못하는 것은 끊임없이 솟아나는
부질없는 욕망을 다스리지
못하기 때문이다

나는 내 안의 또 다른 나를
평생 동안 쫓지만 결국은
잡지 못하고 죽을 것이다

껌

연분홍 티셔츠에 은박 속옷
살짝 비추며 내 앞을 지나는 여자

따박따박 발걸음 옮길 때마다
하늘대는 허리와 야릇한 체취가

불쑥불쑥 불기둥 치솟게 만들고
삼삼히 눈 밟혀 입맛을 확 당기네

아앗! 그런데 마주치면 치명적으로
질식시킬 저 이빨과 코브라 눈

질금질금 오금을 펼 수 없게 하지만
술 한 잔 했겠다 그 김에 팍?

그녀 옷 발기발기 찢어버리고
곤두 선 말초신경 폭죽처럼 터뜨릴까

바야흐로 세상은 인스턴트 시대인데
질겅질겅 쾌락의 단물을 빼먹다가

망각의 휴지에 말아 아무데나 버려도
양심까지 꺼릴 것 쯤야

어쿠! 그 그런데
볼 것 다 본 그녀가 찰싹 달라붙어
떨어지지 않으면 어쩌지?

더 이상 관심 없는 내 마음의 얼룩이
영원히 지워지지 않고 남아있게 된다면

고뇌

매서운 바람이
귀를 마비시켜
소리 없이 떼어 갈 듯한
칼날 아침

돌풍에 휘말린 채
허공을 떠돌던
초췌한 사내 하나
내 앞에 나뒹군다

어느 공중전에서
불꽃 튀게 싸우다
몸만 겨우 빠져나온
패잔병인가?

한 다리는
완전히 잘리고
나머진 총상에
뒤틀린 듯한 발가락

푸득 푸득 푸드득
간신히 낙하산 접고
쓰러질 듯 굶주린 배

급히 채우기 위해

누군가 토해
불어난 채 얼어붙은
구토 물을 정신없이
쪼아 먹고 있었다

아!
살아남기 위해
몸부림치고 있는
혹독의 눈물이여

이 세상에 낙하해
자존심을 꺾고
비굴까지 삼키는
절륙여야 할 내 생이여

느낌

어두운 밤엔 눈目이 필요 없다
눈 뜬 우리나 눈 먼 이들이나
단지 느낌으로 헤매며 걷는다

새의 날개에 꿈 싣고 푸른 창공을
가르게 하던 이들도, 잿빛 눈물로
허공을 덧칠하던 이들도
숨을 멈추는 시간
심지어 밤의 파수(把守)인 가로등까지
더듬거리며 어두운 밤길을 걷는다

죽음은 어둠이다
어둠속 실 같은 느낌으로 목숨을
잇고 있는 우린 죽음 속에서 살고 있다
이슬이 아침에도 맺히고 밤에도 맺히듯
우리의 느낌은 살아서도 느끼고
죽어서 떠도는 영혼도 느낀다

폭설

간헐적으로 불쑥 불쑥
모습을 드러내던 척후병들
위이잉 위이잉 함성지르며
일제히 신호를 보내자
하늘은 무차별적 융단 폭격을
감행하기 시작했다

자신들은 아무런 잘못이 없다고
머리를 치켜들고 저항하던
지상의 모든 사물들의 입과
귀를 순식간에 틀어막으며
무력화시킨 그들

평정한 세상에
순백의 기치를 높이 달고
지금껏 존재한 모든 부와 명예는 무효이며
그들의 이념만이 공평하고
유일한 것이라고 외치고 있다

그런데
그럭저럭 걸어온 나의 노선에
정면으로 배치되는
순백의 혁명정부 아래서

죽지 못해 살아야 할지
장렬한 최후를 맞아야 할지

아니면, 틈을 노려
새로 살 곳을 찾아
야반도주해야 할지
한 걸음만 옮겨도 명명백백
드러나고 끝까지 추적당하는
이 하얀 세상에서

봄, 할머니

솜사탕 바람 불자
검버섯 얼굴
꽃이 핀다.

굳은 뼈,
마디마다
관절염 앓던
우리 할머니

지팡이
꽂아 놓으면
새순 날까?
몰라?

글쎄?

· 1956년 서울 출생
· 한울문학 시로 등단, 문학사랑 시조로 등단
· 문학사랑문인협회 회원, 한국문인협회 회원, 대한사이버문학 동인
· 문학사랑 제8회 인터넷문학상 수상
· 시집 [풍경소리] 출간(2009)
· E-mail : 15725@hanmail.net

붉은 점령군

잿빛 산 넘어 가는
새 빨간 저 저녁 해

붉은 망또 파르티잔
까마득 거느리고

까무룩 숨 넘어 간다
심장 멎는 저 순간

짜장면을 비비는

앞으로의 달콤한
입맛을 기대하며

양손에 젓가락잡고
제비처럼 입을 연

대 여섯
어린아이가
짜장면 향기를 비빈다.

커피 타임 3

한 호흡
쉬었다 간다.

내가
너를
보듬어 안고.

하현달

내 것이 아닌 것을
쓰다가 놓쳐버린

제멋대로 무애의 강
홀로 가는 저 쪽 배

한가슴
먹먹한 안타까움,

끝끝내
발 못 돌리네.

학교
— 트라우마

할 말이 있어요
꼭 할 말이 있어요
그렇게 말했는데
외면하고 말았네

언제나,
그런 시간엔
꼭 무슨 일 겹쳤었지

선약이 길어져서 잊어버린 그 약속
미안해 그 한마디 머릿속을 맴돌고

한 마리
나비가 되어
가버린 예쁜 꽃잎

오목가슴 옥죄이는 제철 지난 자국들이
식은 땀 쏟아지게 필름을 되돌린다.

아뿔사,
다행이구나
돌아오니 제자리

홍시

가며오며 지나친
너의 얼굴 그리다가

버스 손잡이 같이 잡고
살짝 붉힌 그 속내

화들짝
너는 내리고
아! 나는 붙박이고

후에

처음처럼 숨쉬고
처음처럼 말하고
처음처럼 웃다가
처음처럼 울다가
그렇게 가겠습니다

비가 내려 꽃은 피고
바람 불어 나뭇잎 털듯
한줄기 빗물로 살다
그렇게 가겠습니다
처음처럼…

· 현재 군포거주
· E-mail : ldm1205@hanmail.net

순간

물에 젖은 종이컵이
툭! 하고 쓰레기통에 버려졌다

그때

선운사 동백꽃도
쿵! 하고 나무 밑 둥에 떨어졌다
또 다른 인연을 꿈꾸며

별에게

땅과 하늘이 나뉘던 그때부터
너를 보내던 그날도
그리워하던 기억들은
반짝 임으로 남았고
눈을 감고 그려보는 생각은
가슴으로 내려 와 흔적이 되었다

시름으로 힘을 잃은 기다림은
나뭇가지 위에 걸린 달이 되어
엷은 그림자로 길에 누우면
이름 없는 이의 불을 밝힌다

하루 또 다른 하루가
세월이 되어 하얗게 바랜 세상은
또 다른 꿈을 꾸리…

노을

걸어온 길섶에 노을은 지고
내 청춘 검불처럼 스러지는데
뜰엔 붉은 백일홍 핀다
나물 안주에 술잔 목으로 털어 부으니
놀 빛 뼈로 스미는구나

늙은 청춘아
소슬한 초가을 해거름
너는 무엇을 더 쥐고 있느냐
피 서리게 시린 가슴으로
무엇을 더 바라보느냐?

· 필명 : 모은(慕恩) · 계간 〈문예춘추〉 시부문 신인상
· 대한사이버문학 12,14,15,16,18,19,20호 공저, 초동문학 1,2,3호 공저
· 2009,2011 마음에 평안을 주는 시 공저. "카론의 강" 공저
· 2010 김시습문학상 수상, 2010미국 에피포트 문학상 수상
· 저서 1시집 『삶이 없어도 그대 사랑이라면』
2시집 『내 사랑이 머문 자리』
· E-mail : ccj312@hanmail.net

새는 빈 가지에서

잎을 떨군
나무와 나무 사이
쉴 새 없이 오가는 저 새는
무엇을 찾고 있을까

추억은 저문 봄꽃
화르르 만개했던
꽃 날 이운 빈 가지에서
새는 몽유처럼 서성이고 있다

잎새와의 이별에
외롭게 부르는
새의 노래는 쓸쓸하다
가슴 아파 슬픈 것이다

검은 가지마다
뿔이 되고
새는
상처로 자지러진다.

기도하게 하소서

임이시여!!
흔들릴 때마다 기도하게 하소서
기도하는 눈물로 정결하게 하소서
기도하는 슬픔으로 낮아지게 하소서
기도하는 부끄러움으로 작아지게 하소서
기도하는 아픔으로 소망을 돋우게 하소서
기도하는 기쁨으로 마침내 삶이 조용한 축제임을 알게 하소서

임이시여!
불안할 때마다 기도하게 하소서
기도로써 걸어온 길을 환하게 돌아보게 하소서
기도로써 후회란 뒤늦은 깨달음임을 알게 하소서
기도로써 가시밭길을 건너게 하소서
기도로써 꽃길마저 겸손하게 지나게 하소서
기도로써 나를 보듬고 마침내 이웃을 끌어안게 하소서

임이시여!!
화가 날 때마다 기도하게 하소서
기도 끝에 눈먼 분노를 잠들게 하소서
기도 끝에 아우성치는 마음을 가라앉게 하소서
기도 끝에 용서를 몰랐던 어리석음을 용서하게 하소서
기도 끝에 타인의 실수를 너그럽게 받아들이도록 하소서
기도 끝에 미안한 마음을 살려 마침내 고마운 세상을 불꽃처럼 비추게 하소서.

당신의 노래는

당신이라는 이름 참 좋아요
아침 햇살에 당신이 비쳐요

마음을 노래하는 시
노래로 꿈꾸는 정신
꿈으로 견디는 영혼
당신에겐 그런 게 있어요

비옥한 대지처럼
당신의 시는 푸르게 찰랑거려요
목마른 나를 위해 쉬지 마세요
멈추지 말고 노래해 주세요

당신의 소박한 삶 속에서
내 가난한 혼이 싱그럽게 숨을 쉬어요
말은 없어도 따뜻한 손길처럼
나를 잡아 길을 인도해 주어요

늘 함께 있으면서 처음인 듯
새로운 설렘으로 기쁘게 해요
꿈속에선 그리워 눈물이 나요
내 사랑 당신이라는 이름 참말 좋아요.

겨울나무에게

두려워 말아라
지금은 견딜 시절이란다
매서운 한파가 어디 처음이었더냐
폭설도 한풍도 번번이 너를 후려친 길동무 아니었더냐
새삼 슬픔을 길어 올리지 마라
북받치는 설움을 차라리 간절히 보듬어라
네 몸이 흔들릴 때마다
떨릴 때마다
뿌리는 대지를 파고든다
동토(凍土)에 싹눈이 서린다

울지 마라 겨울나무야
눈물은 이미 충분해 너를 키웠다
그러고도 남은 울음이 있다면
그건 영혼이 내는 소리
혼을 다한 삶이란 기어이 넘어선다
너의 정채(精彩)로 겨울이 문득 환하다
진주를 닮은 너의 눈물 꽃
꽃날이 네 몸에 어린다
따사로운 봄이 가깝다.

외로움이란

적막한 겨울밤
홀로 외롭다
이 얼마나 오랜만에 느끼는 가벼움인가
나 아닌 나는 철창처럼 둔해
울지 않았다
좀체 외로움을 몰랐다
외로워야 가벼워지는 걸 몰랐다
외로워야 깊어지는 걸 자주 잊고 살았다

하늘 아래 혼자라는
뼈아픈 외로움
이 얼마나 오랜만에 느끼는 자존감인가
군중 속에서 나는 나를 보지 못했다
나를 외면했다
겨울밤 한 점 눈발처럼 외로워
나는 팔 벌려 나를 간절히 보듬는다
이럴 땐 물을 게 아무것도 없다
스스로 길이 된다.

겨울 소나무

눈이 내리면
내리는 대로 맞는다
눈이 무거우면
스스로 가지를 부러뜨린다

겨울소나무
저항이 없다
투정이 없다

거침없는
사철 푸르른
저 순응!

괜찮다

잘 가라
12월의 저무는 저녁노을이여
쥔 손 풀어 너를 보낸다
쥘수록 흘러나가는 시간
꿈도 욕망도 기쁨도 슬픔도
머잖아 사라지는 물거품
처음부터 내 것인 게 있었더냐
저무는 노을 강물에 빈손마저 흘려보낸다

나는 아직 괜찮다
사랑하는 가족이 있고
순정한 벗들이 있으며
읽을 만한 몇 권의 시집
밤의 창가엔 달
조용한 서재엔
슈베르트의 겨울 나그네가 흐른다
이만하면 됐다
나는 아직 괜찮다

잘 가라
12월이여 아팠던 시간이여
고즈넉한 세밑
쥔 손 풀어 나 아니었던 나를 모두 보낸다

눈먼 질주에서 놓여난다
흰 여백만 남아
푸른 여명을 담을 시간이다
신성한 삶이 거듭 태어나기 좋은 날이다
그래 나는 아직 괜찮다.

봄 기별

창가에 커튼을 흔들며
손짓하며 부르는 소리
봄이라는 친구가 마실가자 한다

하늘은 물이 넘칠 듯 차올라
구름파도로 출렁이며
산으로 바다로 나가자 한다

유한의 인생길이기에
계절마다 청순한 느낌으로
무한처럼 인생을 노래하잔다

무던히도 긴 고독의 일상에서
내 주름살 같은 세월을
봄마다 생기로 다시 펴 준다

창가에서 마중하는 봄바람
새소리에 깨어나는 새싹들
그랴! 내 봄이다! 나의 계절이다.

봄의 노래

잠이 깬 향긋한 흙 내음에 취하고
햇볕은 따갑게 목덜미에 내려앉는다

새들 즐거이 노래 부르는 봄
나를 향해 함박꽃 웃음을 준다

꿈나라인 듯한 모든 것들이
고독에서 깨어나 희망을 안겨주고

아스라이 들려오는 임들의 목소리
뒤돌아보면 아직 모습은 없어도

졸졸 흐르는 물가의 조약돌들이
물결 속에서 눈동자를 반짝인다

이미 나의 임은 사방에 와 있다
아지랑이 산꽃들도 여기저기 숨어 있다.

빈민

2013년에도
신의 은총을 애타게 기다렸지만
외나무다리를 외발로 건넜다

함께 살아온 태양은
피를 토해 하늘 끝을 벌겋게 물들이며
바다 너머로 떨어졌다

어두운 오늘 저녁
춥고 긴 밤을 건너면
초하루 해는 올라오겠지

오는 年을 새해라며
수없이 소원을 빌어 보았지만
언제나 그년이 그년인 것을

· 1944년 7월 4일생
· 직업 황포농산 경영
· 대한사이버문학 동인
· 시집 [임진강](2013) 발간
· 전화 :010-2624-2549
· E-mail : hej4@hanmail.net

도로 명 주소

엄마는
설이 오면 장에 나가
품삯 받아 모은 돈으로
우리 새 옷부터 사고
아버지 차례 상
정성껏 마련했다

엄마가 살던
반쯤 무너진 소담 집
뒷산 무덤 앞에
우리 집 주소 커다랗게 적어
팻말을 만들어 놓았다

추석 성묘 땐
새로 사용한다는
길 이름 주소로 바꾸었다
재개발한다고 파헤쳐
복잡해진 우리 집
헷갈리지 말고 찾아와
설 떡국 먹으시라고

어린 강변

임진강 물가에
온종일 물고기 잡던 날 저녁에는
새끼 자라 뒷다리 실로 묶어
마당 가 해바라기 나무에 매어놓고
담장 아래 봉선화 꽃밭엔
녹슨 깡통 속에 참게 새끼가 살그랑 거렸다
대청마루 민물조개 잠든 하얀 사발에
초승달 졸다 가던 날

이불에 오줌 싸고
키 쓰고 이웃집에 소금 얻으러 갔다가
부지깽이로 두들겨 맞던 추억
어른이 된 강가에 아장거린다

나를 아줌마로 만든 여인들

아내 말고는
다른 여자 옆에만 가도
두드러기가 돋아
가렵고 아파서 못 견디는
알레르기가 있었는데

어느 날엔가
여동생이 컴퓨터를 배우라고
여성회관에 등록을 했다
일주일에 2일 하루에 6시간씩
3년을 여자들과 공부했더니
나도 반쯤 아줌마가 되었다

아내마저 멀리 떠나고
나더러 빨래하고
밥해 먹고
아이들 뒷바라지 하라니
70%는 아줌마가 되었다

여자 문인 친구가
파주 여성문학회에 입회 시켰다
낯설었던 여자들과

2주에 한 번씩 만나다 보니
이제 100% 아줌마가 되었다

어느 날
깊은 잠에 곯아떨어진
아주 괴로웠던 밤 꿈에
원피스를 입고
뾰족구두를 신어보았다

농장에 와보니

임진강 건너
농장에 와보니
겨우내 눈에 자질키고
추위에 떨어선지
성질머리 고약한 여자
첫날밤처럼 서먹하다

임진 나루엔
얼어붙었던 고깃배
떠내려간 지 오래고
강 위에 부는 바람
은빛 물비늘
사시나무 떨듯한다

논두렁 넘어
큰고니 고개를 길게 빼고
머나먼 길
떠날 일 근심되어
산허리 걸린 흰 구름만
멋쩍게 바라보누나

몸살

어젯밤에는
사라졌던 승냥이가 돌아와서
더위에 계란 반숙처럼 익은 머릿속을
질경질경 밟고 할퀴며 뛰었다

눈을 감고 있으면
하늘에서 떨어져
바위에 부딪치는 장독처럼
머리통이 산산조각이 나듯 했다

천정은 헬기처럼 돌고
방바닥은 지진이 난 듯
풍랑에 흔들리는 조각배같이
뒤집힐 듯 뒤집힐 듯했다

머리를 식혀줄
시원한 물수건 한 장 없는
괴로웠던 어젯밤은
오백 년쯤이나 길었다

사과

가을의 빨간색은
사과나무에서부터 온다.
푸른 나뭇가지에
붉은 욕망이 활활 타고 있다

가지마다
치렁치렁 휘어 내린 붉은 채색
농부의 흐뭇한 웃음이다
설레이는 마음이다

나무 밑으로 굴러내려
풀 속에 살짝 숨은 빨간 사과
수줍었던 그녀의 볼이다
동그랗게 모은 입술이다

서먹한 밤

밤중까지
배가 꼬르륵거리며 끓고 있었다
배탈인가 했더니
온수 매트에 물이 모자라
채우라고 우는소리다

잠이 오려는데
깜깜한 방구석에서
배고파 밥 줘
계집아이 목소리에
퍼뜩 정신이 들었다
배터리 충전하란 스마트폰 소리다

T.V도 곤히 잠든
어둠에 젖은 침실엔
벽에 걸린 시계 발자국소리
서걱서걱 무섭게 들리고
머리 위에 곱게 내려앉던
연분홍 꿈결
희미하게 밝아오는 창가에
가물가물 삭이어 간다

임진각 망배단

딸만 넷 낳아
시어머니 앞에 얼굴 한번 들지 못하신 어머니
치성 드려 아들 하나 얻으시고
곳간 열쇠 물려 받으셨단다

초승달처럼 닳아빠진 놋수저로
밤늦게까지 감자 까서
검은 호밀가루 섞어 노구솥에 쪄
아침 끼니 이으시고 과수원 일 나가셨다
돌아오실 때 벌레 먹은 사과 한 개 얻어와
먹는 소리 들릴까 이불 속에 들여보내고
몰래 입에 물려주시던 어머니

1.4 후퇴 당시
국군 따라 남으로 가기 전날
허리 휘도록 절구질한 보리쌀
밤새워 맷돌에 굵게 타
손바닥 부르트도록 얼개니 체로 내려
타갠 보리쌀은 아침밥을 짓고
내린 보릿가루는 개떡을 만드셨다

나 떠날 때 배웅 나오시며
손수건에 싼 개떡 손에 들려주시고

돌아서 우시던 모습 가슴에 아려
백발이 된 지금 임진각 망배단에 엎드려
어머니 향해 흐느껴 웁니다

고양이

어젯밤에는 고양이가
밤새워 섧게 울었다
바람피우러 나간 서방이
길을 건너다 차에 치여 죽었다고

뱃속이 비어 허전한데
씨 뿌릴 서방이 죽었으니
거리마다 골마다 싸다니며
소리소리 쳤단다

밤중에 울어야
잠자던 놈들 깨어나
함께 위로해 달라고
밤마다 쉬지 않고 울었단다

대 · 한 · 사 · 이 · 버 · 문 · 학 · 21집

수필_박덕균 벌레에 대한 단죄 외
박은경 부모님의 병상 일기 1 외
백규현 삶의 무게
서부련 ~라도, ~밖에 선생질 외
서혜원 완벽한 구성 외
옥영수 봄 생선회 외
이동숙 아가의 울음소리 외
정이식 내 인생 내 지게에 지고 외
천홍자 멈추지 않는 시계처럼 외
한선주 50원 짜리 인생 외

http://cafe.daum.net/hankuk2003

벌레에 대한 단죄

쌀에 벌레가 생겼다. 장마전선이 중부지방에 일주일 넘게 머물러 있어 집안을 습기가 잠식한 탓이다. 식구라곤 달랑 셋인데 무슨 쌀을 벌레가 나도록 많이 비축했느냐 물을 수도 있겠지만 그건 욕심 때문은 아니다.

석 달 전 처남댁이 갑상 샘에 문제가 생겨 수술날짜를 받아 놨다는 소식을 듣고 처가를 방문했었다. 장모님이 돌아가시고 평소와는 달리 처가의 방문이 뜸해졌고 지난해 큰처남이 경운기 전복사고로 세상을 떠난 뒤로는 명절마저도 처가의 방문은 소홀해져서 어쩌다 장인어른과 장모님 기일에나 가끔 얼굴을 대할 수 있는 게 고작이었는데, 처남댁의 소식을 듣고 오랜만에 함께 방문했었다.

집사람과 처남댁이 그동안 밀린 회포를 풀고 일을 핑계로 일어서려는데 뜬금없이 쌀을 가져가라 한다. 우리 집은 끼니를 세 식구가 모두 각자 밖에서 해결하는 경우가 많다. 회사에서 해결하는 때도 있지만,

· 1963년 경기도 여주 출생
· 여주고 졸업
· 2012년 〈문학사랑〉 시 부문 신인상 당선
· 문학사랑협의회 회원, 대한사이버문학 동인
· 문학사랑 50회 인터넷 문학상 수상
· e-mail : pdkun@daum.net

회식도 해야 하고 친구들도 만나야 하니 퇴근을 하고도 바쁜 편이다. 집사람도 늘 바쁘다. 집에서 버스로 50분은 가야 하는 원주에 숙녀복 매장을 운영하니 바쁠 수밖에 없다. 아들놈이야 고등학교 2학년이니 더 말해 무엇하랴. 어쨌든 우리 집은 10kg짜리 한 포대면 꽤 오랫동안 먹기 때문에 많은 쌀이 필요 없지만, 처남댁은 처남이 지은 마지막 농사라고 하면서 40kg짜리 쌀 한 포대와 마늘 한 접을 내어 놓는 것이었다.

어쩌랴, 정으로 주는 것은 받아 오는 게 인지상정인데 돌아오는 길에 마음이 뿌듯했다. 갑자기 부자가 된 듯도 했다. 하지만 그것이 탈이 될 줄이야 어찌 알았으랴. 어느 날부터인가 조그만 나방이 이 방 저 방으로 날아다니고 천정에 달라붙어 심기를 불편하게 하더니 이젠 애벌레도 기어 다닌다. 어찌해야 하나 고민 끝에 마트에서 행사할 때 주는 큰 소쿠리에 쌀을 부어 베란다 창가에 내어 놓았다. 햇볕을 쬐면 벌레가 다 달아난다는 어머니의 말씀이 생각났기 때문이었다. 그러나 그것도 쉽지가 않다. 효과도 별로다. 하루 낮 반짝하던 해는 어디로 가고 또 비가 내려 다시 포대에 담았다가 이틀 뒤 반짝하는 햇볕에 또 내놓았다. 이번엔 야외용 은박돗자리를 깔고 그곳에 쌀을 널어 말려 보았다. 이 방법은 꽤 효과가 있었다. 장마전선 틈새로 잠시 내리쬐는 햇볕에 감사하며 다시 쌀을 포대에 담아 원래 있던 자리에 가져다 놓고는 이젠 벌레가 생기지 않겠지 하며 안도의 숨을 돌렸었다. 그러나 기대는 어이없이 무너졌다. 장마가 다시 며칠 이어지면서 벌레가 또 생기는 것이었다. 하찮은 미물일지라도 생명은 이렇게까지 치열한 것인가 하는 마음에 가슴 한구석에 찬바람이 휑하니 일었다. 어찌할 것인가? 고민하다가 집사람에게 떡을 해먹자고 제안했으나 거절당했다. 이미 봄에 쑥을 뜯어다 떡을 두 번이나 해 먹기도 하였거니와 양이 너무 많아 떡을 해도 처치곤란은 마찬가지라는 것이다.

이런저런 궁리 끝에 형광등 같은 머리에서 이번에는 진짜 반짝반짝하는 아이디어를 뽑아내었다. 그것은 김치냉장고를 이용하는 거였다. 김치냉장고에 사용하는 김치 통 3개를 내어다 쌀을 담고는 김치냉장고를 깨끗이 정리한 후 한 칸에 한 통씩 넣어 버렸다. 한 칸에 한 통씩 넣은 이유는 벌레들의 빠른 동사를 위한 것으로 벌레들에게는 미안한 일이지만 고통은 짧을수록 좋다고 생각했기 때문이었다.

깔끔했다. 후련하였다. 그렇지만 시원섭섭한 마무리로 넋두리를 잊지 않았다. "벌레들이여, 내게 몇 번의 수고로움을 끼친 죄와 내 양식의 영양분을 나누어 먹은 죄, 또한 내게 눈살을 찌푸리게 한 죄가 막중하여 중벌로써 엄히 다스려야 하는 것이 마땅하다고 생각한다. 허나 모든 생명은 소중한 것이라는 측은지심이 일어 능지처참만은 면케 하려 한다, 하여 내 너희에게 짧은 고통으로 보답하려 하니 부디 다음 생엔 좋은 곳에서 좋은 모습으로 환생하길 바라노라."

……! ~~~~ …?

한동안의 침묵이 지나가고 이어지는 썩은 미소 한 줌 씨-익 오늘도 스스로 대견스러워 감개무량하다.

예언자를 읽고

작자 칼릴 지브란은 알무스타파라는 가상의 인물을 신의 대변자라는 명목 하에 자신의 평소 생각을 피력한 것으로 보인다. 20년 넘게 준비한 작품이니만큼 그 많은 세월 동안 종교적 갈등과 전쟁 그리고 산업화를 겪으면서 몸소 체험했을 시대의 아픔을 통하여 삶에 아쉬웠던 점, 바라는 점 등을 명상하며 생각날 때마다 메모하고 정리하여 숙고에 숙고를 거듭한 노력에 경탄을 금할 수 없다.

중요한 것은 마음이다. 사람의 영혼은 그 어느 것보다 고귀하고 위대하며 마음은 저 광활한 우주보다도 넓고 깊어 헤아리기가 어려운 것, 거기엔 세상 모든 것이 다 들어 있고 세상 모든 것보다도 더 많은 것을 담을 수가 있다. 바닷가의 수많은 모래알이 다 모양과 크기가 다르듯 사람들도 다 다르며 그 마음 하나하나 생각 하나하나가 모두 다르기에 어떤 사람은 남들보다 조금 더 지식을 쌓아 박사가 되고 어떤 사람은 남들보다 조금 더 기술을 연마해 달인이 되고 어떤 사람은 조금 더 예술에 심취해 음악가가 되고 미술가가 되는 것이다. 그렇다고 해서 그 사람들이 선지식이 없느냐? 그것은 아닐 것이다. 평생 농사만 지은 농사꾼에게도 선진화 물결에 거리로 내몰린 노숙자에게도 또한 학사의 바다에서 마땅한 직업을 찾지 못해 실업자로 전락한 청년들에게도 선지식은 있을 것이다. 다만, 평소의 생각을 정리하여 기록하지 못했을 뿐이고 자신이 알고 있는 진실을 어떻게 표현해야 하는지 모르고 있을 뿐인 것이다. 세상의 진실은 자신이 알고 있는 진실이 진짜 진실이다. 각자 자신의 마음속에 담아둔 진실은 깨지기가 쉽지 않다.

모든 것은 마음먹기 달렸다. 성경을 담아두든 코란을 담아두든 일체유심조(一切唯心造)다. 불경의 하나인 보왕삼매론(寶王三昧論)에서도 언급했듯 삶을 긍정적으로 받아들이면 모든 것이 진실이고 진리이며 참된 도(道)가 되는 것이다.

작자 칼릴 지브란은 이런 메시지를 전달하고자 함에 있어 몇 개의 대상을 두고 예를 들어 설명한 것이고 좀 더 구체적인 설명을 통하여 독자들이 그런 생각을 가지고 살아 주었으면 하는 바람을 기술한 것이다. 한 가지 아쉬운 것은 세상의 수많은 경전과 명상집, 명언집 등이 널려 있지만 사람들은 그것을 잘 실천하지 않는다는 것이다.

창피한 일이지만 정작 내 어리석은 영혼도 백에 하나도 실천하기가 버겁게 살아가고 있으니 무슨 말을 할 수 있으랴. 한사람의 독자로서 바람이 있다면 앞으로도 계속 이런 책들이 많이 읽혀서 세상이 좀 더 따뜻해졌으면 하는 것이다.

끝으로 내 어리석은 영혼에게 한마디 하고 싶은 말이 있다. 오늘부터라도 자신에 대해 깊이 반성하고 천에 하나 만에 하나라도 세상이 따뜻해지는데 보탬이 되는 삶이 되도록 노력하라고.

처제 대란

"형부, 이것 좀 드세요."

"아냐 형부, 이게 더 잘 익었어요. 이걸 드세요."

처제 네 명이 사방에서 갈탄 위에 지글거리는 잘 익은 석굴을 번갈아가며 권하고 있다. 술은 얼큰하고 기분은 헤벌레다.

"그런데 처제들은 서열이 어떻게 되나요?"

이것이 실수였다.

"형부, 제가 첫째예요"

"아냐 형부, 제가 첫째예요."

"언니, 내가 먼저지?"

"언니, 아니지? 내가 먼저지?"

처제들끼리 자리다툼이 벌어졌다. 집사람에게 어떻게 되는 거냐고 물으니 나보고 정하란다. 대략 난감이다.

"형부, 제 잔 한잔 받으세요."

"형부, 제 잔도요."

"야, 내가 먼저야."

얼큰한 순간의 고민 끝에 내가 처제들을 알게 된 시점을 기준으로 순서를 정해주었다.

집사람은 막내다. 나도 막내인지라 우린 막내 부부다. 그래서 원래 난 처제가 없다. 그런데 내게 처제가 생겼다. 그것도 한 둘이 아니다. 내게 거리낌 없이 형부라고 부르는 처제는 대략 열 명쯤 된다. 여주에도 있고 수원에도 있고 홍성에도 부산에도 있다.

처제가 처음 생긴 것은 결혼 직전이다. 집사람이 수원에서 직장생활을 오래 해서 거기서 사귄 친구들과 동생들이 있다. 그 동생들이 결혼 전부터 꽤 살갑게 형부라고 불러주며 이십 년이 지난 지금도 왕래를 하고 살고 있고, 결혼 후 고향에서 부모님을 모시고 정착하면서 처제들이 또 생겨나기 시작했다.

평소 난 나와 관계없는 사람을 잘 사귀지 않는다. 한두 번 인사한들 그들을 기억하기란 요원하다. 그것은 내게 장애가 있기 때문이다. 언제부터인지는 잘 모르지만 어려서부터 오른쪽 눈이 보이질 않았다. 결혼 전에 직장을 다니며 우리나라에서 좋다는 안과를 찾아다니며 돌아쳤지만, 원인을 아는 병원은 한 군데도 없었고 결국 오른쪽 사시 수술만 하고 말았다. 그래서 되도록 사람들을 똑바로 바라보지 않는다. 그런 내가 한두 번 본 사람들을 기억하기란 하늘의 별 따기다. 더구나 여자인 바에야 말해서 무엇하랴.

그날도 그렇게 처제들을 만나게 된 것은 술 때문이다. 집사람과 난 각자 모임이 있었다. 1차로 저녁을 겸해서 술을 한잔 하고 석굴을 먹자는 친구의 제의를 받아들여 석굴을 구워먹는 포장마차를 찾았다. 그런데 거기에 마침 집사람 일행들이 석굴을 구워먹고 있었던 것이다. 평소 같으면 인사만 하고 합석하지 않았을 터이지만 그놈의 술이 뭔지 눈은 게슴츠레 입은 헤벌레 해가지고 처제들의 권유에 마지못한 척 눌러앉고 말았다.

"어 형부 오셨네."

"형부, 형부, 이리 앉으세요."

"아 네, 네"

"처제, 장갑하고 칼 좀 줘 봐요. 내가 구워 줄 테니."

"형부, 저 먼저 주실 거죠?"

"아니죠? 저 먼저 주실 거죠?"

그날 처제들 대란에 술이 과해 꼬박 이틀을 고생했다. 내가 왜 거기에 합석했는지 후회에 후회를 해도 지난 일을 어이하랴. 하지만 그날에 그런 우연한 만남이 처제들과 더 가깝게 지내는 계기가 되었다는 것은 부인할 수 없는 사실이다.

문득 가요 한 구절이 생각이 난다. "산다는 게 그런 거지 수지맞는 장사잖소 막내로 태어나서 처제들이 생겼잖소."

그래 사는 게 다 이런 건데 어쩌랴. 신경 쓰이고 쩐(?)이 들어도 토닥이며 살 수밖에.

부모님의 병상 일기 1

'탁다다다닥 탁탁탁탁' 이상한 소리에 잠이 깼다. 빨간 반점이 보이며 욕창의 조짐을 보이는 어머니 등 뒤에 누워 팔로 어머니 등을 바치고 다리로 어머니 엉덩이를 바쳐 몸을 모로 세워드린 채 잠이 드신지 한 시간여, 잠결에 턱을 심하게 떨며 하나 남은 윗니와 아랫니가 부딪치는 소리이다. 팔이 저려서 그만 뺄까 말까 고민 중에 에이, 이깟 것도 못 해 드리나 싶어 참고 있었는데, 기운이 딸려 팔 다리가 떨리듯이 무의식인 상태에서 턱을 떠시니 입안에 혀나 볼 살이 성할 날이 없으시다. 내 손으로 귀 아래의 턱관절을 살짝 잡아드리니 입을 다무시며 다시 잠의 나락으로 여행을 계속하신다. 멀건 미음밖에 드시는 게 없으니 기운도 없고 손발을 쓰지 못한 채 침대에 갇혀 지내신지 여러 달째다. 다리와 엉치 뼈의 통증 때문에 밤에 잠을 편히 주무시지 못하시고 앉혀 달라, 뉘여 달라, 등이 뜨거우니 베개를 등에 대라, 빼라, 물 좀 달라 등등 자정이 넘은 시간까지 요구사항이 줄을 잇는다. 아직

· 1961. 10. 14(음) 서울
· 〈문학사랑〉 수필부문 신인상 당선
· 서울에서 고교 마치고 미국으로 건너가 어학과 교육신학을 마침
· 문학사랑협의회 회원, 대한사이버문학 동인
· 현재 미네소타 주에 거주
· e-mail : ukg7742@hanmail.net

은 젊은 나도 이렇게 힘이 드는데 같은 환자이신 아버지가 밤새 그 수발을 다 들으셨다니 그나마 자식들이 와 있을 때는 괜찮겠지만 두 분만 계실 때는 얼마나 힘드실지 상상이 된다. 물론 병원에 소속된 간병인 여사님들이 하루 다섯 번 기저귀를 갈아 주고 삼시 세 때 미음도 먹여 드리지만 담당하는 환자들이 많아서 수시로 부를 수는 없는 노릇이다.

비행기를 세 번 갈아타고 꼬박 하루를 넘어 도착한 고향의 병원 주변은 매년 음력 구월 중양절이면 열리는 모양성제로 온통 시끌벅적하다. 병원이 산성과 다리 하나 사이로 마주보고 있기 때문이다. 날이 흐리고 비 기운이 있는데도 이미 준비한 터라 축포를 쏘아 연기만 잔뜩 날리고 온갖 놀이기구에서 흘러나오는 음악과 아이들의 즐거운 비명소리, 흥을 돋우는 DJ의 요란한 멘트는 가뜩이나 잠이 모자란 나에게 그저 소음일 뿐이다. 황진이가 나 혼자 밥을 먹고 무조건 강남스타일로 땡벌을 알랑가 몰라 부르고 또 부른다. 사흘 후 주말이 되어 전주에서 오빠 내외가 와서 어머니를 휠체어에 모시고 햇살 가득한 성 앞 광장까지 잔치구경을 나섰다.

양손에 지팡이를 짚고 겨우 걸으시는 아버지는 다음에 가시겠다며 동행을 원치 않으셨다. 아마도 우리에게 편히 구경하라는 배려인 것 같다. 병원을 나서서 다리 하나만 건너면 무지개를 그리는 분수대를 사이에 두고 두 개의 가설무대가 있고 사방에 공예품점, 기념품점, 음식판매대가 줄을 서 있다. 행사장 주변과 길 가에는 화려한 국화분이 가을의 분위기를 한껏 살려주었고 이불에 둥둥 싸여 푹신하게 앉으신 어머니는 자식들에게 둘러싸여 기분이 좋으신지 힘들다고 하지 않으시고 잘 견디신다. 전날 내가 모시고 산보 나왔을 때는 허리가 아프시다며 금방 들어가시겠다고 하셨는데… 우리는 판소리 공연도 잠시 보고 신바람 나는 풍물놀이와 수문장 교체식도 보면서 아버지 친구 분들이 직접 만드신 고창 노인회 짚세기도 사고 찰옥수수도 사 먹으며 한 시간 정도 구경을 했다.

추석 전 언니가 카톡으로 보내온 어머니 소식은 미음도 잘 드시지 않고 많이 힘들어 하셨다는데 지금은 드리는 대로 잘 드시고 내가 도착한 첫날보다는 훨씬 편안해 보이신다. 귀를 갖다 대야 할 정도로 작은 목소리도 조금 크게 말씀하시고 듣기도 전보다 나아지시며 이명이 들려 어지럽다는 말씀도 없어지셨다.

지난 유월, 부모님의 병원 생활 초기에 씨애틀에 사는 막내가 한 달간 다녀갔다. 여름 내내 다른 형제들이 다녀갔으며 이제 나까지 봤으니 더는 여한이 없고 그만 떠났으면 좋겠다고 말씀하셨지만 안락사가 아닌 이상 어느 누가 갈 길을 재촉할 수 있으랴.

어머니 침대 아래 보조침대에 누워 잠을 청하는데 "잠자는 약도 먹고 밤도 깊었는디 어째서 잠이 안 온다냐. 먼 지랄하고 일어나고만 싶은지 모르것다. 나 쪼께 일으켜도라." 하신다. 일어나 어머니 침대 발치에 달린 손잡이를 사십 번쯤 돌려 침대 머리 께를 곧추 세워드리고 도로 누워 졸다가 "허리 찌글어들어 아프고 이만 눕고 잡다." 하셔서 다시 일어나 침대를 눕혀 드리고 등과 다리에 베개를 받쳐드렸다. 물수건으로 얼굴과 손과 발을 닦아드리고 몇 개 안 남은 치아를 닦아 드리고 굽은 손을 펴 드리며 발을 주무르고 다리 운동도 시켜드리고… 덕분에 나도 같이 운동을 한다.

아무리 환기를 해도 없어지지 않는 노인 환자의 냄새와 기저귀 갈 때마다 진동하는 화장실 냄새도 어느덧 익숙해지고 긴 비행의 시차적

웅도 마쳤지만 새벽 다섯 시에 시작해서 자정이 넘도록 수도 없이 일어나야하는 환자 수발은 보통 정성이 아니면 불가능한 일인 것 같다. 나도 한동안 간호조무사 시험을 쳐서 그 일을 해 볼까 생각했었는데, 도저히 환자들의 고통과 피고름을 감당할 수 없을 것 같아 포기한 적이 있었다.

멀리 사는 자식들을 대신해서 고생하시는 의료진과 간병인 여사님들에게 새삼 감사와 존경의 마음으로 머리를 숙여본다.

부모님의 병상 일기 2

'아, 나는 지금 행복하다.'

이곳에 온 지도 보름이 넘어가고 양옆에 어머니, 아버지가 주무시는데 좁다란 간이침대에 누워 문득 떠오른 생각이다. 유월 초경에 아버지의 낙상과 병환 소식을 들었을 때 느꼈던 아득함과 연이어 들려온 어머니의 혼절 소식은 나에게도 큰 충격이었다. 곧 무슨 일이 생길 것만 같아서 휴대폰만 만지작거리며 숨쉬기도 힘들었는데 이만하면 정말 다행이다. 이제 어머니의 식사는 멀건 미음에서 나름 먹음직한 죽으로 바뀌었고, 그마저 처음 몇 번은 믹서에 곱게 갈아 드렸는데 이제는 갈지 않아도 거의 다 드시게 되었다. 내가 온 첫날부터 어머니는 윗니가 불편하다고 어차피 쓰지도 못하니 빼버렸으면 좋겠는데 다니시던 치과가 2층이라서 못 가니 휠체어가 갈 수 있는 1층에 있는 치과를 알아보라고 하셨다. 이미 전에 해 넣었던 틀니들은 헐거워져서 빼버리고 윗니 하나에 아랫니 서너 개만 남아있는데 쓰지도 못할뿐더러 자꾸 혀가 물리고 성가시다고 하셨다. 난 마침 병원에서도 가깝고 1층에 있는 치과를 찾아 어머니를 휠체어에 모시고 가서 원하시는 대로 윗니를 빼 드렸다. 피가 멎기까지 두 시간을 솜을 물고 계시던 어머니는 이가 빠진 자리를 혀로 확인해 보고 시원하다 하시며 환하게 웃으셨다. 3일 치의 항생제와 진통제, 위장약을 다 들고 죽도 잇몸으로 우물우물 잘 드신다. 미음이 나올 때는 간장과 물김치 국물만 따라 나오는데 죽이 나오면서 일반 환자식처럼 국과 반찬들도 다 따라 나온다. 어차피 어머니는 죽과 국물 조금밖에 안 드시기 때문에 남은 반찬에 가게에서 사 온 햇반 하나만 더하면 내 식사가 해결되었다. 처음에 며칠은 보호자의 밥을 신청해 먹었는데 아무리 영양을 갖추었다고는 해도 몇 번만 먹으면 질리고 가격도 만만치 않아서 이 핑계 저 핑계를 대고 나가서 먹곤 하였다. 매번 쇠고기, 닭고기, 돼지고기, 생선 등의 메뉴를 바꾸어 가며 골고루 나오는데도 왜 맛이 없는지 모르겠다. 몇 달째 같은 식사를 하신 아버지도 질리시는지 특별 메뉴가 나올 때마다 꼭 다른 걸 적어내곤 하셨다.

나는 낮에 가끔 친구들을 만나 외식을 할 때면 아버지가 드실만한 것으로 포장해 가지고 오는 것을 잊지 않았다. 장어 몇 점, 전어 채 썬 것 두어 젓가락, 육회 한 줌 등을 가져다 드리면 뭐하려고 가져왔느냐고 하시면서도 다 드신다. 가끔 친구 분들이 모임 후에 오셨다며 떡이며 고기나 과일을 들고 오실 때도 병원 식사를 두고도 새 음식을 더 잘 드시는 걸 보면 가슴이 짠하고 아려온다. 요플레나 과일을 갈아 어머니의 간식을 챙기면서 아버지도 꼭 드시기를 권해도 나중에 드신다고 번번이 물리시니 걱정이다.

동네에 산책을 나가셨다가 넘어지셔서 갈비뼈를 다치고 뇌경색으로 한동안 실어증과 기억력이 없으셨던 아버지는 이제 어느 정도 회복되셔서 퇴원해도 되지만 그 와중에 놀라고 실심으로 기력을 놓아버리신 어머니를 병원에 홀로 두고 나오실 수가 없어 함께 병원생활을 계속하시는 중이다. 전주의 대학병원에서 치료를 마치고 고창의 노인 요양병원으로 옮겨와 복도를 사이에 두고 여자 병실과 남자 병실로 나뉘어 생활하던 두 분을 동생이 병원 측과 타협해서 같은 가격에 6층 특실로 옮겨 두 분이 함께 지내실 수 있게 하였다. 하지만 그 때문에 아버지는 어머니의 수발을 떠안게 되었으니 일반실은 간병인이 상주하지만, 특실은 일이 있을 때만 올라오기 때문이다.

어머니의 치과 치료 후, 아버지도 치과에 가시기를 원하셨다. 한쪽은 이가 없고 다른 쪽은 풍치로 이가 뜨고 잇몸이 내려앉아 이를 닦을 때마다 피가 나고 어금니가 너무 아파서 음식을 씹기가 어렵다고 하시며 치과에 가셨는데 이를 뽑을 수 없다고 하여 그냥 오셨다. 뇌경색 치료 약 중에 피가 굳지 않게 하는 약이 있는데, 그 약 때문에 이를 뽑으면 피가 멈추지 않기 때문이란다. 가끔 심하면 진통제를 드시곤 하는데 대개는 그냥 참아 넘기는 게 아버지의 방식이다. 그 한 예로 한방 치료차 침을 맞고 뜸을 뜨는데 간호사가 뜨겁지 않으시냐고 물어도 괜찮다고 하셨다. 하지만 그 자리가 데어 진물이 나서 일주일 이상의 치료를 받은 적도 있었다.

병이 나기 전부터 쓰시던 손수 만든 두 개의 명아주 지팡이를 짚고 복도를 걸으며 운동하시던 아버지가 복도 끝 방에 같은 소나무회 회원이 입원해 오셨다면서 한참을 그곳에서 담소하고 오셨다. 때론 근처의 다른 병원에 지인이 입원했다며 친구 분과 함께 병문안을 다녀오기도 하셨다. 대학병원에 정기검진 차, 오빠와 함께 갔다가 3개월분의 약 보따리를 챙겨오기도 하셨다. 매일 아침저녁 실내 자전거로 운동하시며 다리 힘을 기르시는 아버지는 자신마저 누워버리면 안 된다는 것을 너무나 잘 알고 계시기 때문이다.

아버지와 함께 '모양성' 앞까지 산책 가던 날, 병원 앞에서 휠체어에 마나님을 태워 밀고 가는 노인을 보시며 하시는 말씀이 "저 부부는 십 년째 저렇게 잘 지내고 있단다. 보기 좋지 않으냐. 네 어머니도 얼마나 더 살지 아무도 몰라." 아, 아버지는 오래오래 어머니를 지켜 드리고자 힘을 내시나 보다. "하지만 아버지도 환자이거늘 어떻게 환자가 환자를 돌본답니까!" 그나마 다행인 것은 며칠 전에 병원 측에서 수동으로 조정하던 침대를 전동으로 바꾸어 단추만 누르면 침대 머리를 올릴 수 있게 바꿔 준 것이다. 내가 없어도 아버지께서 침대 발치에 쪼그려 앉아 수동으로 침대 머리를 올리지 않아도 되었고 어머니의 약 드시는 시간을 조정해 밤에는 잠에서 깨어나지 않고 9시부터 새벽까지 푹 주무실 수 있게 되었다.

새벽 4시쯤. 어머니가 뭐라고 큰소리를 지르는 통에 잠을 깨어 들여다보는데 옆에서 아버지 말씀이 꿈을 꾼 거라며 잠꼬대이니 그냥 더 자라고 하신다. 가끔 그렇게 심하게 잠꼬대를 하면서 꿈을 꾼다고 하셨다. 무슨 꿈을 꾸신 걸까? 소리치는 걸로 봐서는 좋은 꿈은 아닌 것 같은데, 어릴 적의 왜인들을 본 걸까? 6 · 25 사변 때의 빨치산에서 쫓기고 있었던 걸까?

어머니는 일제강점시대 처녀 공출을 피하고자 부랴부랴 아버지께 시집을 왔었다. 아침에 꿈을 기억하시는지 물었더니 고개를 끄덕이시며 집에 도둑이 들어와 소리를 지른 것이라 하셨다. 도둑이 들어 문을 따려고 앞뒤로 다니며 뒤쪽 큰 창문을 다 부수고, 여자들만 있는 방이니 가라고 소리치는데 사랑채에서 아버지가 나오셔서 문을 열라고 해서 잠을 깼더니 꿈이더라고 하셨다. 평소에는 속삭임 같은 작은 목소리인데 잠꼬대는 옆에서 자는 사람을 깨울 만큼 큰소리를 치시다니, 무의식의 세계에서도 어머니는 아버지가 계시면 안심하고 위로를 받으시나 보다.

옛날 할아버지 병환으로 아버지가 그러셨던 것처럼 큰오빠는 서울 살림을 정리하고 부모님 곁으로 귀농을 준비하고 있다. 서울에서 초등교사인 언니는 주말마다 반찬을 만들어 내려오고 있고, 전주의 작은 오빠는 부도를 털고 일어나 사업에 힘쓰는 한편 오며 가며 부모님을 찾아뵙고 자식의 도리를 다하고 있다. 멀리 떠나 사는 동생과 나는 그저 두 분의 안녕을 빌 뿐 할 수 있는 게 아무것도 없다. 이년 전 귀국했을 때도 어머니가 아프셔서 병원에 계신 것을 보고 왔는데 다음 2년 뒤에 귀국한다면 두 분 다 여전히 살아계실까? 내 밥값까지 포함된 시월분의 병원비 백여 만 원을 카드로 계산하고, 나 떠난 뒤에도 여전히 식사 잘하시고 힘을 내시겠다는 약속을 어머니께 다짐을 받았지만 짐을 챙겨 떠나는 발걸음이 여전히 무거웠다.

"고생했다. 고맙다. 늦기 전에 어서 가거라." 아버지는 자꾸만 손사래를 치신다. 인명(人命)은 재천(在天)이라 했는데 가실 때가 되면 가야겠지만 계시는 동안만이라도 큰 불편함 없이 지내시다가 편안히 가시기를 바라는 마음은 누구나 다 같을 것이다. 이제 완치되어 귀가하시기는 어려운 일이고 병원에 계시는 동안이라도 몸도 마음도 편안하시기를 하늘을 우러러 빌어본다.

구구 팔팔 이삼 사!

아직 구십 구세가 되려면 십 년도 더 남았는데…

나무처럼 살기

깔깔깔… 나무가 간지럼을 탄다. 껍질을 다 벗어버린 매끄러운 나뭇가지를 손으로 문지르면 간지러워 잎사귀가 바들바들 떤다. 간지럼나무의 다른 이름은 배롱나무, 자미화 또는 목백일홍이라고도 불린다. 여름 3개월 내내, 백 일 동안 꽃이 피는 예쁜 나무다.

고향 마을 입구에는 열병식을 하는 군인들처럼 두 줄로 나란히 자미화가 늘어서 있다. 여름 내내 빨갛게 고운 꽃을 자랑하다가 들판에 벼이삭이 누렇게 익어갈 무렵이면 그 화려함을 내려놓고 한 켠으로 비켜선다.

한동안 전라도 광주에 살았던 나는 가끔 시간을 내어 담양에 놀러 가곤 했다. 죽림원의 선선함과 소쇄원의 단아함 그리고 가사문학관과 식영정, 면앙정, 송강정 등 굳이 문학을 꿈꾸지 않아도 절로 문학소녀가 될 수 있는 아담하고 멋진 도시이기 때문이다. 특히 송강정은 정철 선생이 유배생활을 마치고 정쟁에서 물러나 초막을 지어 살던 죽록정을 후대의 자손들이 선생을 기리기 위해 다시 지어 송강정이라 명호를 붙인 곳이다. 그의 대표작 중 하나인 '사미인곡'과 '속사미인곡'을 지은 곳이기도 하다. 그곳에는 소나무 언덕배기를 휘돌아 흐르는 강이 있었고 강가에 피어난 자미화의 그림자가 강물에 비쳐 저절로 그의 시심을 자극했으리라. 수백 년 세월이 흘러 지금은 사라져버린 강의 모습이 못내 아쉽지만 아직도 그곳엔 늘 푸른 소나무와 꽃이 아름다운 자미화가 굳건히 옛 모습을 지키고 있어 그 시절을 상상하기는 어렵지 않았다.

지금 내가 사는 미국 미네소타에는 추운 지방에서 주로 자라는 자작나무가 대부분이다. 우리가 잘 아는 자일리톨(xylitol)껌의 원료가 되는 나무다. 꽃도 피지 않고 나무의 모양도 다르지만 나는 자작나무를 보면서 간지럼나무를 생각하곤 한다. 아마도 나무의 밑동이 매끄럽고 비슷하기 때문인가 보다. 하지만 배롱나무는 자라면서 그 껍질을 스스로 벗어버리는 반면 자작나무 껍질은 여러 가지 효능을 인정받아 다방면으로 쓰이고 있어 사람들에 의해 옷이 벗겨지고 있다. 간단히 말하자면 우리가 쑥 잎이나 솔잎을 민간요법으로 많이 쓰는 것처럼 서양인들은 자작나무 껍질을 이용해 의약품이나 화장품 재료로 쓰는데 조금 과장해서 말하자면 만병통치약이라고 한다. 일 년에 두 번, 봄가을로 자작나무 껍질을 채집하러 다니는 사람들을 만난 적이 있다. 며칠 동안 돌아다니며 채집한 나무껍질은 꽤 짭짤한 수입원이 된다고 하였다.

자작나무 단풍은 그 색이 노랗다. 그래서 이곳의 가을은 한국과는 달리 노란색이 주류를 이룬다. 심지어 단풍나무도 그 잎이 노랑으로 색이 변한다. 이상하고 신기해서 물어봤더니 실버메이플이라는 다른 종류의 단풍나무라고 한다.

가을마다 만나는 한국의 만산홍엽, 붉은 단풍과는 달리 조금은 아쉬운 가을의 모습이다. 이제 화려한 여름도 황금 들판도 다 지나버린 지금, 긴긴 겨울밤을 어찌 보낼까 생각하다가 나도 자작나무 껍질로 뭔가를 해 봐야겠다는 생각을 했다. 천년이 지나도 썩지 않는다는 자작나무 껍질은 십여 장의 얇은 껍질이 겹겹이 붙어 있어 예부터 종이 대용으로 많이 쓰이고 가면을 만드는 데도 쓰였다고 한다. 또한 부패를 막는 성분이 들어있어 경주 천마총에서 온전한 상태로 천마가 그려진 그림이 출토된 적도 있었다니 정말 놀라울 뿐이다. 근처에 흔하게 널려 있는 넘어진 자작나무에서 껍질을 벗겨 이 겨울에 무언가 근사한 것을 만들어 지인들에게 선물을 할 생각을 하니 내 얼굴은 절로 미소가 번진다.

최근에 병원에 계신 부모님을 뵈러 고향에 갔다가 친구 부부의 차를 얻어 타고 고향 집에 다녀왔는데, 늦가을인데도 자미화 몇 송이가 아직도 피어 있는 것을 보았다. 화무십일홍이라 했건만 석 달 열흘을 꽃 피우고도 모자라서 코스모스와 국화의 계절에 피어있는 꽃이라니. 사람으로 치면 환갑을 넘어 얻은 늦둥이라고 해야 할까? 주인 없는 빈 집에는 찬바람만 가득하고 감나무 대추나무 석류나무에는 볼품없는 열매들은 힘에 부치는 듯 안쓰럽게 매달려 있었다. 간병하느라 고생한다고 바리바리 싸들고 찾아와 준 친구에게 담장위에 올라앉은 둥글넙적 늙은 호박과 빨갛게 입 벌린 석류들 그리고 지난 몇 년간의 우리 동인지를 순서대로 챙겨서 넣어주며 고마운 마음을 전했다. 다 읽은 후에 독자의 자격으로라도 우리 문학회에 가입한다면 이 또한 고마운 일이 아닐까?

힘에 부쳐도 최선을 다해 열매를 맺는 나무들과 제 때를 놓쳐도 늦게나마 꽃 피우는 나무들을 보며 늦었다 생각 말고 더 열심히 더 뜨겁게 나의 삶을 살아가리라고 다짐해본다.

고향의 맛

병원의 복도 끝에 설치된 전자레인지에 밥을 데우며 서 있는데 지나가는 시커먼 키다리 사내가 눈에 띄었다.

"어머, 너 현철이 아니니? 장현철, 네가 여기 웬일이니?"

초등학교 동창인 고향 지킴이, [황제 회관] 사장 현철이가 식반을 들고 나오는 것이었다.

"누구 신지?"

"나야. 은경이. 남산에 살던 박은경. 그런데 넌 여기 어쩐 일이니?"

"어? 미안, 몰라보겠네. 너 살이 많이 쪘구나. 너야말로 웬일이냐? 언제 미국에서 왔어?"

"목요일에 왔으니까 사흘 되었어. 그런데 넌 왜? 누가 아프니?"

난 이곳이 노인 요양병원이라고 잘못 알고 있어서 젊은 사람도 입원해 있다는 걸 몰랐다.

"나? 여기 입원해 있잖아. 투석 받고 있어. 그런데 너야말로 웬일이냐? 누가 입원했어?"

아~ 그러고 보니 이 친구는 젊어서부터 몸이 안 좋아서 늘 혈액을 투석 받고 있었던 기억이 난다.

"응, 우리 부모님이 두 분 다 여기 입원해 계셔. 저기 끝 방이야."

"아, 이제야 기억이 나네, 할아버지 한 분이 늘 복도를 걸으시며 운동을 하시는데 어쩐지 낯이 익더라니."

전자레인지가 땡하고 다 되었다고 신호를 해서 난 밥을 꺼내 들고 나중에 또 보자며 방으로 돌아왔다. 그런데 한참 후에 복도를 지나며 방에 적힌 이름표를 보니 이름도 없고 그 친구를 찾을 수가 없었다. 아마 그날이 퇴원하는 날이었나 보다. 짜식, 간다는 말도 없이 사라졌구나… 혼자만 생각하고 말았는데 다음날 고향 지킴이 친구들 세 명이 함께 찾아왔다. 병원에 오래 지내다 보면 누구라도 와 주는 게 고마운가 보다. 어머니 아버지는 반가이 친구들의 인사를 받으시고 나에게 과일과 음료수를 대접하라 하시고, 잠시 후 함께 나가서 점심 먹고 오리고 하시며 우리를 쫓으셨다.

사실 누굴 만나 놀러 다닐 생각은 없었어도 [한국인의 밥상]이나 [여섯 시 내 고향] 같은 프로그램을 보면서 입에서는 늘 군침이 돌았었다. 나는 혼자라도 가끔 낮에 나가서 이런 음식들을 사 먹을 생각이었다.

우리는 친구의 차에 올라 동백과 꽃무릇으로 유명한 선운사를 끼고 시원한 바닷길을 달려 장어구이로 유명한 집에 도착했다. 주인과 잘 아는 한 친구는 직접 들어가서 복분자 술병도 내어 오고 구운 장어를 자꾸만 내 앞으로 밀어놓으며 질리도록 실컷 먹으라고 했다. 역시 장어는 이렇게 소금구이로 불에 직접 구어야 제 맛이다. 미국에서도 가끔 일식집에서 장어를 먹기는 했지만, 왠지 일식집 장어는 몇 점만 먹으면 느끼해서 별로 당기지 않았는데 좋은 친구들과 먹어서인지 아니면 산지에서 직접 먹는 맛인지 생강 고추 마늘 상추 깻잎 모든 게 다 맛이 있었다. 나는 배가 빵실하도록 먹고도 남은 장어와 채소들을 싸 달라고 해서 병원으로 가지고 왔다. 아무리 영양을 맞췄다고는 해도 질리기 쉬운 게 병원 음식인지라 아버지께 조금 잡숴보시라 할 생각이었다. 역시 내 생각대로 병원 밥에 물리신 아버지는 맛나게 장어를 상추에 싸 드셨다.

가뭄에 콩 나듯이 얼굴을 보이는 날 위해 이렇게 마음을 써 주고 시간을 내어 준 친구들에게 너무 고마워 가슴이 찡하며 따뜻해졌다. 한때 퀸카(?)였던 내가 왔다는 소문이 났으니 한 번의 만남으로 끝을 볼 리가 없었다. 장어 나들이 며칠 후, 병원 건너편에서 실내장식 사업을 하는 친구로부터 다시 연락이 왔다. 다음날 시간을 낼 수 있으면 자기네 가게 앞에서 불 피워 한바탕 잔치하자며 지난번에 못 만난 친구들이 보고 싶다고 야단이란다. 아버지께 허락을 받고 다음 날 저녁 친구 가게로 화장지와 물비누를 사 들고 갔다. 친구 가게에는 지난번에 시댁에 가서 만나지 못했던 친구도 와 있었고 친구 선배라는 모르는 부부도 와 있었다. 풍성하게 상은 이미 차려졌는데 막상 장어를 들고 오겠다는 장어양식장 사장 친구는 아직이다. 꺼져가는 숯불이 아깝다며 냉장고에 잠자고 있던 삼겹살을 꺼내다 굽고 친구 부인이 직접 담근 각종 약초 술로 입가심을 했다. 고창의 자랑인 복분자주는 오히려 한 구석에서 짝꿍인 장어를 기다리고 있었다. 그러고도 한참이 지나서야 미안하다는 말을 연발하며 선운수산 마크가 찍힌 장어 상자와 친구가 도착했다. 오는 길에 한 곳에 들러 배달을 했는데 그곳에서 조금 지연이 되었다며 변명을 했다. 그는 이유를 불문하고 벌주로 독한 도라지 술을 석 잔이나 거푸 마셔야 했다. 처음 보는 엄청나게 큰 장어와 각종 채소 그리고 잘 익은 김치들이 눈으로 보기만 해도 배가 부르다. 여러 종류의 술이 돌고 돌아 배도 부르고 아버지와 약속한 밤 아홉 시가 다 되어가니 아쉬워도 그만 일어나야 했다. 노인네들 주무실 텐데 무슨 걱정이냐고 더 놀다 가라고 붙잡는 친구들을 뿌리치고 나오기가 쉽지는 않았지만 아무래도 기다리실 것 같아 마음이 바빴다. 불이 꺼진 병실에 가만히 들어와 양치만 하고 자리에 누웠다. 부모님께는 죄송하고 친구들에게는 미안한 마음에 오래도록 잠을 이루지 못했다.

며칠 후, 오일장 구경도 할 겸 미국에서 필요한 물건들을 사려고 장터에 나왔다가 전어회 포장이 붙은 장터 횟집을 보았다. '흐음, 아직도 전어회 맛볼 기회가 남아있군!' 다음에 오기 위해 횟집의 정확한 위치를 눈에 담고 주섬주섬 쇼핑 봉지들을 챙겨 병원으로 돌아왔다. 그날 오후에 전주에 사는 사십 년 절친한테서 전화가 왔다. 나처럼 어쩌다 한번 연락하는 친구를 위해 '011' 전화번호를 지금까지 바꾸지 않고 고집하는 세심한 친구로 아버지들도 우리와 같은 초등학교 동창이셨다. 이번 주말, 전주비빔밥 축제를 마치고 사흘 후에 올 테니 그때 보자고 한다. 친구는 부모님 간병하기가 얼마나 힘이 드는지 자기도 해 봐서 너무나 잘 안다며 양손 가득 바리바리 보양 식품과 밑반찬을 싸 들고 왔다. 그 친구와 함께 전어 횟집에 앉아있는데 어디서 소식을 들었는지 아니면 전어 굽는 냄새를 맡았는지 귀신같이 알고 친구들이 모여든다.

이러다 정말 계획에도 없던 동창회를 하게 생겼다. 전어를 날로 먹고 구워 먹고 매콤하게 무쳐 먹는 삼종 세트를 즐기면서 한편으론 고단한 인생살이에 힘들어하는 친구들과 시골에 아이들이 없어 폐교로 변해버린 모교의 소식을 들었다. 순간 포만감과 함께 서글픔인지 아쉬움인지 모를 이상한 감정이 생겼다. 옛날에 배가 고파 찔레 순을 꺾어 먹고 개울물을 마셨어도 우리가 몰려다니던 그때가 참 좋았었는데… 맛있는 전어와 함께 코흘리개 적 친구들과 추억으로 풍성했던 귀한 시간이었다.

미국에서의 출발이 부득이하게 늦어진 까닭에 원래는 참석할 수 없었던 우리 동인지의 출판 기념회를 떠나기 전날 참석하는 행운을 얻었다. 신촌에 아담하게 들어앉은 생선 횟집에서 십여 명의 지인들과 함께 만난 한국 특유의 상차림은 내가 다녀 본 외국 어디에서도 볼 수 없는 풍성함이었다. 따뜻한 죽을 선두로 상에 가득 차려진 생선회와 각종 해산물은 다 먹기도 전에 새로운 음식들이 나오면서 빈 접시를 내가 고! 또 먹고 내가 고!를 반복하며 넘쳐나는 한국의 정과 황홀한 맛으로 나를 만족하게 했다. 미국에서는 회를 먹어도 이런 맛과 분위기를 느끼지 못한다. 특히 작은 마을에 사는 나는 어쩌다 생선회를 먹을 때에도 왠지 허전하고 잘 먹었다는 느낌을 받지 못했었다. 오늘 상다리가 부러지도록 넘치게 차려진 그 상에서 서운함과 아쉬움을 완전히 해결하고 행복함으로 충만해졌다. 걱정했던 것보다 나아지신 부모님과 따뜻한 친구들의 사랑, 그리고 좋은 글벗들과의 아름다운 만남은 한동안 나를 지켜주는 힘이 될 것이다. 이 년쯤 뒤에 다시 찾아올 때까지 부모님이 여전하시기를 친구들이 무탈하기를 우리 문학지에 좋은 글들이 넘쳐나기를 간절히 바라며 오늘도 기억 속 재료들을 버무려 맛있는 글 하나를 만들고자 노력한다.

새 달력을 보며

오랜만에 하루 직장을 쉬는 김에 집 근처에 있는 보험사에 다녀왔다. 차일피일(此日彼日) 미루던, 그러나 어차피 해야 할 '오바마 케어' 전 국민 의료보험 가입을 하기 위해서다. 갑론을박(甲論乙駁) 말이 많아 어쩌면 무산될지도 모른다는 요행도 바라고 '지금까지 오십 년을 넘게 살면서도 보험 없이 잘 살았는데' 하는 마음으로 지켜보고만 있었다. 하지만 벌써 법으로 정해졌고 내년부터는 미가입자의 벌금이 보험료와 맞먹는다니 아무리 아까워도 가입해야만 했다. 보험사 직원의 도움으로 일사천리(一瀉千里)로 관련 서류들을 제출하고 이제 가입 확인 서류와 보험료 납부 고지서가 오기만을 기다리면 된다. 인사를 하며 나오는 길에 "이제는 마음 놓고 아파도 되겠네!"하고 남편에게 우스갯소리를 한마디 했다.

보험사 직원은 감사하다는 말과 함께 달력 세 개와 냄비받침 두 개를 선물로 주었다. 돌아오는 차 안에서 달력을 들춰 보며 내년 한 해를 미리 훑어보았다. 매년 연말이면 여러 곳의 거래처에서 달력을 선물한다. 넉넉하게 받아 두었다가 필요한 사람들에게 나누어 주기도 한다. 멀리 떨어져 사는 아이들에게는 빨간 동그라미를 몇 개 그려서 보낸다. 달력 안에는 아름다운 풍경이 있다. 달력 안에는 골동품 자동차들도 있고 귀여운 동물들도 있다. 국경일, 기념일, 가족의 생일 같은 기쁜 날들과 슬프지만 기억해야 할 날들이 모두 들어있다.

내가 제일 좋아하는 달력은 한국 가게에서 주는 달력이다. 거기에는 음력이 적혀 있어서 고국의 명절과 특별한 기념일을 잊지 않고 부모님께 연락하는데 도움이 된다. 달력 속의 그림이 고국의 정겨운 풍속도라서 금상첨화다. 미국 풍경은 드넓은 평원이나 웅장한 로키산맥, 거대한 나이아가라 폭포 등 볼만한 그림이지만 나의 마음을 사로잡는 건 역시 우리네 모습이다. 봄이면 나물 캐는 처녀들의 모습, 여름철엔 투망질하는 청년들과 빨래하는 아낙네들이 어릴 적 추억을 불러낸다. 가을철엔 빨갛게 익은 감이 울타리 너머로 유혹하고 겨울철의 눈 덮인 장독대엔 배추김치가 맛있게 익어 가리라.

뜯어낸 달력 그림을 버리지 못하고 차곡차곡 모아 둔다. 최소한 사계절 그림 네 개를 액자에 넣어 걸어 두어도 좋을 것 같아서다. 달력 안에 그리운 고향이 있고 나의 유년시절이 숨어 있는 듯하다. 지난달 말쯤에 한국가게에 갔을 때, 내년 달력을 물었더니 아직 준비가 안 되었다며 다음에 오면 꼭 챙겨주겠다고 했다. 내년 초까지 그곳에 갈 기회가 없을 것 같은데, 그때까지 내 몫이 남아 있을지 모르겠다.

미국 달력에도 보름달과 새달을 그려 넣어 음력을 표기한 것을 본 적이 있다. 우리는 미국인들은 음력을 사용하지 않는다고 생각할지 모르지만, 사실 '나사 우주 센터'나 여러 천문기관에서도 음력에 맞춰 로켓을 발사하고 다른 일들도 진행한다고 한다. 우리네 뱃사람들이 음력으로 바다의 물때를 계산하듯이 이들 역시 같은 방법을 사용할 것이다.

어디 뱃사람뿐이랴. 예전에 시골집에 걸려있던 영농달력을 보면 언제 씨 뿌리고 언제 비료를 주며 또 수확할 시기가 언제인지 음력 날짜와 함께 자세히 적혀져 있었다. 농업도 어업도, 아니 세상 만물에 달의 힘이 크게 작용한다는 것은 참으로 신비로운 일이다. 질량이 낮아 핵융합을 일으키지 못하여 자체로는 빛을 내지 못하고 크고 밝게 빛나는 태양과 다른 별들의 빛을 받아 반사시키기에 그 빛이 약하여 작고 초라하게 느껴지는 달이 만사에 크게 작용한다는 것은 근근이 그러나 열심히 살아가는 우리에게 큰 교훈을 주고 있다.

오늘 오후에는 자동차 보험을 담당하는 다른 보험사에 갈 일이 생겼다. 물론 상술의 하나이겠지만 방어운전 서류에 서명만 하면 자동차 보험료의 5%를 절약할 수 있다니 지나는 길에 들려 볼 셈이다. 거기서도 작년처럼 달력들을 줄 것이다. 몇 개 더 얻어와 붉은 동그라미 몇 개 그려 넣은 후 아이들에게 성탄 카드와 작은 선물을 함께 넣어 부칠 생각이다. 바쁘게 사는 세상에 가족의 생일을 다 기억하는 게 쉽지는 않겠지만 그래도 눈에 띄는 동그라미를 보면 그리워하는 어미의 마음을 기억하리라.

이제 닷새 후면 성탄절이고 또 닷새가 지나면 해가 바뀐다. 새 달력을 뒤적이며 다가오는 새해를 계획하면서 지나간 한 해를 되새겨본다. 해마다 뒤돌아보는 시간은 늘 다사다난(多事多難)했었다는 말밖에 할 말이 없다. 올 초에 큰 오빠의 환갑을 맞아 가족이 모여서 잔치를 했었는데 몇 달 후에는 아버지께서 중풍으로 쓰러지셨고 연이어 어머니도 노환이 와서 두 분이 함께 병원생활을 시작하셨다. 그 때문에 시애틀에 사는 동생과 나도 몇 년 만에 한국에 가게 되었고 입원치료하시면서도 멀리 사는 자식들을 만난 부모님은 즐거워하셨다.

딸과 사위가 결혼 후, 처음으로 우리 집을 방문하여 며칠 동안 즐거운 시간을 보냈다. 자동차가 하나여서 활동하기가 조금은 불편했는데 계획한 대로 지난여름에 내 명의로 된 차를 구입했다. 담뱃값이 오르면서 올해에는 꼭 담배를 끊어 보겠노라 다짐했던 남편은 아직도 그

버릇을 버리지 못하고 나도 해마다 다이어트는 그저 말 뿐이다. 모두들 새해가 되면 여러 가지 계획을 세우고 실행하고자 노력하지만 더러는 실패하고 또 성취의 기쁨을 누리기도 한다. 지난해의 아쉬움과 미련을 접고 다시 새해를 계획하며 내일을 준비하자. 열심히 노력하며 최선을 다하면 계획한 꿈을 이룰 수 있을 것이다. 혹시 이루지 못한다 할지라도 어떠랴. 최선을 다했기에 만족할 수 있을 것이다.

요령소리는 댓잎소리에 남아

바쁜 일상을 살다보면 잊혀지고 사라져가는 것들이 많다. 삼 년 전 내가 두 시간 거리의 새 사업장 근처로 이사하기까지 옆 동네에서 살며 친하게 지내던 수키 할머니의 일 년 추모예배를 드리면서 그 분에 대해 이런 저런 이야기를 나누었다. 어려서부터 일본에서 살다가 미국에 건너왔기에 삼개국어 중에서 한국말이 제일 어렵다고 했었다. 더러 잊었던 소소한 여러 가지 기억을 서로 나누며 그분이 얼마나 열심히 교회를 섬기고 또 말씀 따라 살기를 노력하셨는지 오랫동안 이야기를 나누었다. 간암으로 몇 달간 고생 하시다가 돌아가셨는데 입원하신 다음날 친구와 둘이서 찾아뵈었더니 "아프지 마, 너무 힘들어!" 하시면서도 웃는 낯으로 우리를 맞아 주셨었다. 노인 병동으로 옮겨 계신 할머니께 죽을 좀 쑤어 가지고 간 날이 떠나시기 전날이었다. 더 이상의 치료를 할 수 없어 그저 불편하시지 않도록 모신다는 간호사들의 말처럼 쇠약해지신 것 빼고는 그전 모습과 비슷해보였다. 가져간 죽을 조금 잡수시더니 이젠 오늘이라도 평안하게 아버지의 집에 가게 되어 기쁘다고 말하셨다. 본인의 생이 다되었음을 알고 하신 말씀이었을까? 내 어머니와 동갑이신 할머니가 모든 걸 정리하고 갈 길을 기다리시는 모습은 가슴이 아프면서도 아름다워 보였다.

미국의 장례 모습은 대부분 교회나 장례식장에서 하는데 열어 놓은 관 속에 곱게 화장한 고인의 모습을 보기도 한다. 가신분의 생전 사진들과 즐겨 쓰던 물건들을 진열해 놓기도 하고 또 자주 듣던 노래들을 들려주기도 한다. 수키 할머니 장례 예배 때에는 그분이 매일 손으로 쓰시던 두툼한 성경 노트가 우리의 마음을 움직였다. 장례 예배를 마치면 친지들이나 지인들 중에 남정네 여섯 명 또는 여덟 명이 관을 모시고 나가서 장의차에 실어 장지로 향한다. 교회 뒤편에 있는 묘지에 모시기도 하지만 다른 묘지로 갈 때에는 미리 연락받은 경찰차가 선두에서 경찰등을 켜고 길을 인도하면 그 뒤에 장의차 그리고 가족과 친구들의 차들이 전조등을 켠 채로 줄줄이 따라간다. 장례행렬이 길을 가면 도로에 있는 모든 차들이 옆으로 차를 빼 주고 가신분에 대한 조의를 표한다. 내가 미국에 온 지 얼마 되지 않았을 때에 반대편에서 오는 장례 행렬은 서지 않아도 되는 걸로 생각하고 그냥 가다가 욕을 먹은 적이 있다.

우리는 주로 매장이나 화장 등을 하지만 사실은 아주 다양한 방법의 장례법이 있다. 그 한 예로 성경에 나와 있는 돌을 파서 만든 돌무덤이 있고 동생이 살던 도시 뉴올리언즈에는 해수면이 육지면보다 높은 관계로 모든 무덤이 지상에 조그만 집으로 지어져 있다. 고속도로에서 프렌치 쿼터로 들어가는 입구에 있는 시 묘지에는 근사하게 지어진 단독 건물들도 있지만 대부분이 관 하나가 들어갈 크기의 삼층 정도 아파트 식으로 만들어져 있다. 이 묘지는 뉴올리언즈를 대표하는 하나의 관광 코스로 타지에서 온 관광객의 이목을 끌기도 한다.

나는 한동안 인디언들의 이야기에 심취한 적이 있었는데 옛 인디언들의 장례 방식은 참으로 다양했다. 시대에 따라 또는 지역에 따라 높은 곳 바위 위에나 나무 위에 죽은 사람을 두어 풍장이나 조장을 하는 경우도 있고 높은 단 위에서 화장으로 하기도 하며 어느 부족은 시체를 잘 싸서 수장을 했다고 한다. 그러고 보면 해군의 수장제도가 인디

언으로부터 시작된 것인지도 모르겠다. 죽은 육신은 새나 물고기 자연으로 돌아가고 그 영혼은 조물주의 세계로 돌아간다는 생각은 배우지 않아도 예나 지금이나 비슷한 것 같다. 망자의 영혼이 편안히 영생을 찾아가도록 인디언들은 주문처럼 노래를 부르며 팔과 다리 등 자신의 몸에 상처를 내면서 가신 이를 사모했다고 하는데 자해의 의미는 지금도 알 수가 없다. 어쩌면 오래토록 잊지 않기 위해 그렇게 하지 않았을까?

내가 아주 어릴 적에 돌아가신 할아버지의 장례식은 가물가물한 기억 속에도 마을 잔치 같다는 생각이 들었다. 부엌과 마당에 준비하는 음식냄새가 온 집안에 진동을 했고 어이어이 우시는 아버지와 오빠들, 마루 귀퉁이에서 눈물을 찍어내시는 할머니의 모습에도 나는 큰 슬픔을 느끼지 못했다. 멍석을 깔아 놓은 마당에는 음식상을 앞에 둔 손님들이 북적거렸고 밤이 되자 화투판이 벌어지고 술판이 길어지면서 더욱 왁자해졌다. 삼일장인지 오일장인지 확실하지는 않지만 마지막 날 밤에 빈 상여를 메고 리허설을 했던 일이 기억에 남아있다. 장지로 모시는 출상 당일 만장들은 앞에 줄을 서고 상여꾼들이 상여를 메고 길 떠날 채비를 마쳤다. 요령을 잡은 선소리꾼의 앞소리에 맞춰 상여꾼들은 후렴구를 맞춰가며 새 집을 향해 길을 나섰다. 마을을 휘돌아 한발 한발 앞으로 나아가는 고운 꽃상여는 보내는 사람들의 아쉬움보다 가시는 분의 편안한 걸음걸이를 느끼게 했다. 그래도 가시는 길에 남은 가족의 애통함을 달래시려는지 마을 모정 앞에서 한차례 쉬어가시고 개울을 건너가기 전에도 할아버지의 상여가 내려지는 것 같았다. 그럴 때마다 요령을 잡은 선소리꾼의 주머니가 두둑해 진다는 사실은 오랜 세월이 지나 어른이 되어서야 알게 되었다. 건너편

산자락에 있는 우리 집 선산에 모셔지기까지 딸랑거리는 요령소리와 상여꾼들의 뒷소리는 계속되었고 나는 여자아이라는 이유로 이 행렬에 참석할 수 없는 게 속이 상했었다.

미국으로 건너 와 살다가 이십 여 년 전 한국에 잠시 다니러 갔을 때 지병으로 고생하시던 외할머니가 돌아가셨다. 나는 어머니와 함께 외할머니를 서울 장례식장에서 고향 장지에 모시는 행렬에 참석할 수 있었다. 서울에서는 천주교도였던 외할머니를 위해 여러 신도들이 조용히 찬송을 불러주었고 삼일 되는 날 장례 버스를 이용해 고향 외가 마을로 시신이 운구 되었다. 나는 오전 열 시 장지도착시간에 맞춰 새벽 일찍 출발하는 오빠 차를 타고 함께 갔는데 졸음운전인지 아니면 과속인지 경찰이 우리차를 세웠다. 이것저것을 묻던 경찰은 운전석 앞 데쉬보드에 놓인 장례완장을 보고 좀 전에 버스가 지나갔다고 말해주며 조심운전 하라는 말과 함께 그냥 보내주었다. 아 다행이다. 동방예의지국 우리나라 경찰도 고인에 대한 예를 보여 주어 마음이 기뻤다.

큰 길에서 버스를 내려 꽃상여에 오른 외할머니의 관은 양지바른 언덕 외할아버지 옆자리에 안장되었다. 봉분 만들기와 위령제까지 다 마치고 마지막 정리로 꽃상여와 만장 그리고 태울 수 있는 것들을 모두 불에 태우며 하늘나라로 외할머니를 보내드렸다. 어머니는 몹시 지치셨지만 그래도 외가에 들러보기를 원하셨고 난 어머니를 부축해서 산자락에 위치한 외가에 갔다. 외삼촌들이 다 도시로 떠나고 빈 집은 오랫동안 사람 손이 닿지 않아서 벌써 폐가가 되어있었다. 방 문마다 구멍이 숭숭 뚫려 있었고 부엌 바라지문은 떨어질 듯 말 듯 위태로워 보였으며 돼지우리와 뒷간에는 잡풀이 사람 키를 넘게 자라고 있었다. 어머니는 한참을 마루에 앉아 계시다 힘이 다 빠진 음성으로 '이제 가자.' 하시며 일어나셨다. 외할머니 떠나시고 어머니의 친정집도 점차 더 잊혀 갈 것이다. 나는 언제 또 와 볼지 모를 외가를 떠나며 조근 조근 들려주시던 외할머니의 옛이야기 소리와 외삼촌들이 즐겨치던 북, 장구, 꽹가리 소리를 조금 전에 들었던 요령소리와 함께 외가 뒤편 대숲의 댓잎 갈리는 소리에서 찾아보았다.

오랜 세월이 흘러 흐려지는 기억 속에도 남아있는 딸랑거리는 요령소리와 수런수런 대는 댓잎소리는 어린 시절을 그리워하는 추억이라는 이름표를 달고 가슴속에 남아 있다.

삶의 무게

지난해에 비해 추위가 심하게 오지는 않았지만 내게는 혹독한 겨울이었다. 25년 전 앓았던, 병명도 모르는 병이 면역성이 떨어져 다시 재발하는 현상인지 매년 정기적으로 한 번씩 나를 괴롭히고 있다. 현기증과 열 또는 저온으로 체중은 떨어지고 오한으로 기운을 차릴 수가 없었다. 스스로 생각하기를 나이 탓이려니 생각을 하니 현실이 더욱이 우울하고 존재감마저 축소되는 느낌이다. 어쨌든 나이가 들면 몸도 왜소해지고 수입도 줄고 삶의 질 자체 모두가 옛날과는 다르다

옛 성인들은 살아가는 방법을 명언으로 많이 남겨놓았다. 예수를 비롯하여 마호멧트, 붓다, 공자 등 많은 철학자들은 말한다. 우리는 매일 병마와 싸워야하며 모든 삶과의 치열한 싸움을 하며 산다. 우리는 오직 한 번뿐인 인생을 살아간다. 一生一死, 이는 생명의 철칙이다 만약 우리가 여러 번 번복해서 태어난다면 인생이 그리 귀중하지는 않을 것이다. 라고 모 교수는 설파했다. 맞는 말이다. 그러나 예고 없

· 대한사이버문학 6호~21호까지 표지 화백
· 대한민국미술대전 4회 입상
· 단원미술대전, 경인미술대전, 전통미술대전 초대작가
· 구상전 장려상
· 기타 공모전 이상
· 현 부천한국화협회 회장
· 현 부천미술협회 한국화 분과장

이 찾아드는 삶의 괴로움이 내 생활로 숨어들어오는 현상은 막을 수 없다. 그러니 살아가는 방법은 한 가지로만 국한 될 수 없다. 있으나 없으나 있는 듯 쓰는 사람을 보면 무언가 넘쳐흐르는 듯한 인상을 갖게 되며 한두 푼도 위아래를 재고 쓰는 사람도 있다. 이러한 생활태도는 자랄 때 환경이 크게 작용한다고 한다. 범죄와 폭력도 자라는 동안의 영향이 크다고 하니 자녀를 둔 부모들은 새겨 둘 일이다. 자신의 운명은 그렇다 치고 우리는 참되고 진실하게 살아야하며 아름답고 충실하며 보람 있게 살아야한다. 어느 미술작품전시회에서 카멜레온이 얽혀있는 모습을 본 적이 있다. 인간을 비교한 모습으로 인간에게는 환경에 변화에 적응을 할 수 있는 능력을 지니고 있음을 표현한 모습으로 기억에 남는다.

살아가면서 가끔은 내가 서있는 자리에서 옳고 그름을 판단하는 사색에 잠겨 볼 필요가 있다. 그러나 우리는 바쁜 일과에 묻혀 나를 돌이킬 시간조차 없다. 현재의 당신은 행복한가? 이에 답할 여지조차 없이 살아간다. 우리는 욕심이 너무 많다. 가끔 T V에서 대하는 가난한 저개발국 아이들의 미소를 보면 반성해야 할 여지를 많이 느낀다. 눈만 뜨면 폭행, 도난, 화재, 교통사고, 정치 싸움 등의 뉴스들이 머리를 아프게 한다. 그래도 사회는 돌아가겠지만…

그리스 신화에 야누스라는 신이 있다. 야누스는 앞쪽을 보는 머리와 뒤를 보는 머리가 같이 붙어있는 몸을 지니고 있다. 한 얼굴은 앞으로 다가올 미래를 보는 얼굴이요. 또 하나는 지나온 과거를 보고 반성을 하는 얼굴이다. 우리는 이와 같이 지난날의 반성과 미래를 점철하며 사는 지혜가 필요하지 않은가? 사는 것이 무엇인가? 나 스스로를 이끌고 키워나가는 지혜의 몸뚱이다. 남 잘사는 것만 좇아 다니다

보면 나는 없게 마련이다. 우리는 적은 우물이건 큰 우물이건 같은 크기의 두레박으로 물을 펴 올린다. 그 물을 이용하는 방법은 스스로의 몫이다. 우리는 그 물로 맛있는 음식도 만들고 논에 물도 대주고 전기를 일으키는 댐도 만들고 등등의 지혜로 이 세상을 살아가야 할 일이다.

~라도, ~밖에 선생질

옛날에는 임금이나 왕후에게 대한 가장 높이는 칭호로 사용되었던 "마누라"라는 호칭이 요즘은 아내를 일컫는 흔한 지칭이 되었다. 지금은 노인을 하대하는 호칭인 "영감"은 원래 "정삼품 이상 종이품 이하의 관원"을 지칭하는 말이었다. 그러고 보니, 예전에도 남편보다 아내를 더 높여서 부른 모양이다. 남자는 기껏해야 "정삼품" 정도로 호칭하는데, 아내는 "왕이나 왕비"의 극존칭으로 호칭하니 말이다.

어쨌든 요즘은 "마누라"와 "영감"은 서로 대립어가 되었다. 오늘날은 새파랗게 젊은 판사나 검사에게도 "영감"이라 호칭한다는데, 이것은 옛날 그 관원의 등급과 유사하여서 부르는 것이다.

왜 뜬금없이 호칭 타령이냐고요? 호칭은 그 사람의 지위를 가늠할 수 있는 바로미터이기 때문이다. 배움의 과정에서 이끌어주거나 도움을 주는 사람을 교사(敎師)라고 한다. 교사는 스승 또는 선생(先生)이라고도 하며, 대학에서는 교수(敎授)라 부르는데, 학생의 반대 의미로

· 서부련(徐浮蓮, 1948년 인천출생)
· 한국문인협회 회원, 21C 한국시인회 이사
· 고교 영어교사 역임 · 특별법인 한국해운조합 봉직
· (주)HL해운 상무이사 역임
· 현) 중국 (주)청도MK통상 대표이사
· 동인시집[마음 열고 숲에 서리라] [들풀 소리] [제 몫을 다한 화음]
· Tel : 010-7105-6096 · E-mail : buryun@hanmail.net

서 가르치는 사람들을 통틀어 교수자(敎授者)라고 한다. 똑같이 학생들을 가르치는 교수자(敎授者)인데, 왜 대학교 선생은 교수(敎授)라 하고 그 이하의 학교 교사들은 왜 먼저 태어났다는 의미일 뿐인 "선생(先生)"인가? 선생과 교수라는 호칭에서도 드러나듯이 호칭만으로도, 그 지위와 그 일의 질을 가늠할 수 있는 것이다.

요즘 교육현장의 실태를 보면, 만감이 교차한다. 일찍이 교편(敎鞭)을 잡는다는 말은 학생들을 가르치는 직업을 가졌다는 의미로 즉 선생이라는 직책을 지닌 분들을 뜻한다. 교편(敎鞭)은 가르칠 교(敎), 채찍 편(鞭)의 조합으로서 회초리를 들고 가르친다는 의미이다. 그러나 지금은 학교에서 회초리를 들 수 없는 상황이다. 다시 말하자면 "교편(敎鞭)"을 놓아야할 형편이다. "교사인권조례"가 시급한 작금의 상황에서, 오히려 "학생인권조례"라는 것이 생겨 교권추락과 교실붕괴가 심각한 지경이다.

그 "학생인권조례"라는 것의 주된 내용이 참 가관이다.

'1. 학생체벌금지, 2. 학생들의 교내 집회 허용, 3. 소지품 검사 금지, 4. 불건전한 물건 압수금지' 같은 교육에 전혀 무익한 것들을 학생들의 인기영합을 위해 만들었다고 밖에 볼 수 없는 것들뿐이다.

사람이 성장하는 것은 나무가 자라는 것과 같은데 위로 성장하지 않고 옆으로 뻗친 쓸모없는 가지라면 잘라내야 한다. 쓸모없는 나뭇가지를 잘라내는 것은 그 나무가 미워서가 아니라 그 나무를 사랑하고 아끼기 때문이다. 그 곁가지를 잘라내고 다듬는 것이 "훈육"이고 회초리다. 이미 곁으로 뻗친 가지가 너무 커버린 나무라면 "재목"으로는 쓸 수 없어 땔감으로 벌목될 수밖에 없다. 학교에서 공부하는 동안 바로잡지 못한 학생은 다양한 이유로 올바른 길을 걷지 못하고 곁길을 걷게 된다.

세계를 재패하는 두뇌집단인 유대민족은 아이들 교육에 철저하다. 유대인 속담에, 매를 아끼는 자는 자식을 미워하는 자이며, 자식을 사랑하는 자는 자주 체벌을 가하며, 그러면 아이는 그의 기쁨으로 자랄 수 있다. 회초리와 꾸짖음은 지혜를 가져오지만, 내버려진 아이는 제 어머니를 욕되게 한다.

서양의 속담에도 매를 아끼면 아이를 망친다(Spare the rod, spoil the child.)고 했듯이 한 번도 물리적 제재를 받지 않고 자란 아이들은 좌절된 상황을 맞을 때 잘 대처 못하는 단점이 있다고 한다. 실제로 호주는 오래전부터 선생님들이나 학부모들이 아이들에게 매를 들지 못하게 하다 보니, 잔소리만 늘어놓게 되어 아이들이 무감각해져 아예 들은 척도 않거나, 더 나아가 아예 법에다 호소하겠다고 협박하는 경우도 종종 일어난다고 한다. 요즘의 우리나라 교육현장의 실태가 바로 이와 같다. 선생님들의 위상이 아주 떨어져 아이들의 "개김질"이 심하다. 몇 가지 실제 사례를 보더라도 그 심각성은 도를 넘었다.

1) 2010.12.17일 조선일보에 따르면 지난 9일 경기도 성남시 S초등학교 5학년 서모 여교사(58)가 교실에서 A학생(11)이 친구들과 싸우는 것을 말리다가 A학생으로부터 폭행을 당했다.

2) 수원 A고에서는 1학년 교실에서 보충수업 중이던 B(25 · 여)교사는 교재를 가져오지 않은 학생 5명을 꾸짖던 중 욕설을 하는 C군(15)을 학생부로 데려가려다 C군으로부터 폭행을 당했다.

3) 중학생들이 교실에서 여교사에게 성희롱 성 발언을 일삼는 장면이 담긴 동영상이 유포돼 논란이 일고 있다는 뉴스 보도(2012.12월 18일자 참조)와 관련 경찰이 수사에 나섰다.

국가의 백년지대계(百年之大計)를 짊어진 사람들을 비하시키는 말이 있다. 바로 "선생질"이라는 말이고, 이와 비슷한 "접장질"이란 말이다. 이 접장(接長)이란 말은, 옛날 규모가 작은 서당에서 훈장 한 사람이 가르쳤으나 비교적 큰 서당에서는 훈장 혼자 많은 학동을 가르칠 수 없었으므로 학도들 가운데서 나이가 들고 학력이 우위(優位)인 자를 접장으로 내세워 그보다 하급과정의 학동들을 가르치게 하였다. "접(接)"이란 곧 단체의 뜻으로 같은 서당에서 수업하는 동료를 "동접(同接)"이라 하고, 이 접의 우두머리 격이 곧 접장이었다.

지금은 한 무더기의 물건들--예를 들어 한 무더기의 마늘도 "한접"이라고 한다. 그 마늘 중에 가장 큰 마늘이 접장(*^.^*)인 줄은 모르겠지만….

제가 공직에서 정년퇴직을 하고 허구한 날 마누라하고 둘이 얼굴을 마주하기도 지겨워(?) 시골에서 텃밭이라도 일구며 살고 싶어 인터넷을 뒤져 정착한 곳이 충북 단양의 한 고을이다. 그래서 마을의 유지들이 모인 "마을회관"에 가서 인사드리기를, 예전에 학교에서 교편을 잡았었습니다. 했더니, 한분이 고개를 주억거리며 빼놓아도 될 한마디를 기어이 덧 붙였다.

"아…… 선생질하셨구먼!"

따지고 보면, 우리들이 쓰고 있는 말에 별 의미를 둘 필요가 없는 것들도 많지만, 그러나 조금만 신경 쓴다면 남이 듣기에 불쾌감을 드러낸다거나 거부반응을 일으킬 만한 소리는 안 할 수도 있는데 이건 모두 내 일이 아니라는 안일함이 때로는 갈등을 빚기도 한다. 어떻게 보면 "모르는 게 약"이라는 말이나 "아는 게 병"이라는 말을 아우르며 세상을 둥글고 너그럽게 살아갈 수도 있다.

그러나 이 "선생질"이라는 말은 선생질하는 사람들끼리 편하게 쓰는 다소 자조적인 표현으로, 맥락에 따라서는 겸손을 나타내기도 하지만 때로는 비아냥거리는 의미로도 느낄 수가 있다. "선생질"하는 사람끼리는 서로 써도 무방하나, "선생질" 안 하는 다른 사람이 선생질하는 사람에게 "선생질"이라는 말을 하면 "모욕"으로도 간주될 수 있다. 요즘 아이들은 "선생질"이라는 말을 쓰지 않는 것 같은데, 그것은 그 아이들도 "선생질"하기가 하늘에 별 따기 만큼 어려운 줄 알기 때문이다. 컴퓨터를 떡 주무르듯 하는 아이들이 이제는 "선생질"의 "위상"을 우러러보고 있다.

모 잘 나가는 결혼정보업체의 신랑, 신부 선호도의 순위를 보면.

신붓감 순위로는 1.교사 2.공무원, 공사직 3.일반 사무직 4.금융직 5.서비스직 6.간호사 7.의사, 약사 8.디자이너 9.프리랜서 10.예능직.

신랑감 순위로는 1.공무원, 공사직 2.교사 3.금융직 4.일반 사무직 5.엔지니어, 정보통신직 6.의사, 약사 7. 회계사, 변리사 8.사업가, 자영업자 9.건축설계사 10. 특수직(조리, 사진 등)

- 결혼정보업체 듀오에서 조사한 몇년 지난 자료 -

(아직도 신붓감 순위 1위는 교사다.)

부부교사는 걸어 다니는 중소기업이라고 한다. 상전벽해란 이를 두고 하는 말이다!

예전엔 두 종류의 교사가 있었다. 사범대학을 나와 선생밖에 못 한다는 "밖에 선생", 일반대학을 나와 선생이라도 할까하는 "라도 선생".

그 "라도, 밖에" 선생직이 지금은 "씩이나"가 되었다! "교사라도 할래?"가 이제는 "네가 교사씩이나?" 국가와 민족의 앞날을 위해서도 얼마나 바람직한 현상인가!

제가 교편을 잡을 때인 70년도만 해도, 당시엔 대부분 기업 쪽으로만 몰려들었고, 하다하다 안 되면 접장 내지 면서기나 해볼까 하는 시절이었다. 교대나 사대에 남학생 지원자가 없어서 사회문제가 되던 시절이었고 선생 똥은 개도 안 먹는다던 그 당시의 인기직업순위 통계에 의하면 교사는 이발사 다음으로 27위였던가? 그랬다. 그야말로 박봉으로 웬만한 경조사에는 눈을 감아야만 했고 최소한의 자존심을 유지하기에도 벅찬 생활이었다.

혹시 '스승의 날'의 유래를 들어보셨나요?

스승의 날은 지금으로부터 약 50여 년 전인 지난 64년 4월 청소년적십자단의 각 지역 대표가 모여 불우한 퇴직교사나 질병에 걸린 교사를 위로하자는 차원에서 생겨났다. 날짜는 세종대왕 탄신일인 5월 15일로 지정됐다. 난데없이, 말도 안 되는 구호와 함께 스승의 날이 생겨났다.

"스승은 존경받아야 한다!" 세상에~~~, "존경을 받아야 한다!" 고 못을 박다니! 그게 구호로 외친다고 될 일인가? 해마다 찾아오는 "스승의 날"이면 나도 생각나는 선생님이 없는 것은 아니지만, 그 선생님을 생각하기 전에 내가 교사시절 가르쳤던 아이들이 먼저 떠오르는 날이 되었다. 잊지 않고 연락해주어 가끔 만나서 삼겹살에 소주를 기울일 수 있는 인생의 든든한 동반자로서의 제자들! 산에 나무가 없어서 생긴 것이 "식목일"이고, 준법정신을 고취시키기 위해서 생긴 날이 "법의 날"이듯이, 무엇이 결핍되어야 생기는 것이 무슨 날이다.

우리가 쌀밥을 먹지 못하는 형편이었다면 "쌀밥의 날"을 정하여 쌀밥 먹는 행사를 치렀을지도 모른다. 얼마나 선생들이 대접을 받지 못했으면 "스승의 날"이 생겼을까! "스승의 날" 본질이 이러하니 차라리 없애는 것이 나을지도 모른다.

교직을 떠난 지도 거의 30여년도 더 지난 어느 날, 제자 두 녀석이 어떻게 알았는지, 내 생일날 저녁 무렵에 우리 부부에게 저녁 식사를 대접하고 싶다고 내 아파트에 승용차를 몰고 찾아 왔었다. 마침 환갑을 맞이한 생일도 휴일을 택해 아들, 딸 등 가족들과 미리 치룬 터라 흔쾌히 허락을 했다. 그런데, 당시 내가 살던 곳은 부천이었는데, 굳이 인천에 장소를 예약했다고 인천까지 가야된다는 것이다.

어느덧 이느 2층 일식집 앞에 차가 머물러 올라가 보니, 그 곳은 내 환갑잔치를 위해 미리 준비된 자리였다. 그 자리에 모여 있던 제자들의 박수가 터지는 순간에 나도 모르게 눈물이 핑 돌았다. 아~ 이것이 내가 예전에 휘두른 회초리의 댓가로구나! 하는 생각밖에 없었다. 영어교사로 교편을 잡던 시절에, 그 것도 학생과장의 보직을 곁들여 학생들에게는 인기를 끌 만한 구석은 전혀 없었다. 한마디로 나한테 안 맞고 졸업한 학생이 없었을 정도였으니까! 오직 한 단어, 한 문장이라도 더 가르치려고 박봉을 쪼개어 시험지를 사서 등사기로 밀어 수업 보충지를 만들던 그 당시의 열정! 그러나, 나는 그 열정을 포기하고 공기업으로 발길을 돌리고 말았다. 아무리 노력해봐야 현실적인 보상이 보이지 않는, "선생질"을 하면서 썩기가 싫었기 때문이었다.

목구멍이 포도청인지라…. 흔히들, 학생은 많아도 제자는 없고, 선생은 많아도 스승은 없다. 라는 말이 난무한다. 교권이 무너지고 스승의 그림자는커녕 신체까지도 마구잡이로 밟히는 세상에 살다보니 그 "선생질" 하던 시절이 새삼스럽게 회상된다. 그러나 교사의 인격이 침해당하는 현실과 맞물려서 신성한 직업에 "~~질" 이라는 접미사가 붙어 다니는 것이 못내 못마땅하다. 예를 들어, 지나가다 괜히 연탄재에

"발길질"을 하거나, 행실이 좋지 않은 사람을 향해서는 "손가락질"을 하고, 공연히 시비가 붙어 "싸움질" 한다는 글을 보면, "~질"이란 접미사가 붙은 말 치고, 별로 좋은 의미가 없다. 도둑질, 서방질, 고자질, 딸꾹질, 군것질, 낚시질, 부채질, 바느질 등등~~~이외에도 많은 어휘가 있지만 한번 음미해 보시길!

이제는 "먼저 태어났다"는 선생(先生)님의 손에 "회초리"가 없어도, "선생질"이란 말은 쓰지 말았으면 한다. 선생질, 선생질 소리를 자주 듣다보면, 선생질한다고 입질하는 사람과 싸움질하다 손가락질 받으면 신경질이 폭발하여 곁눈질을 해서라도 누가 삿대질을 하며 쏙닥질을 하는지 눈 새김질해서 나중에라도 주먹질을 곁들여 발길질까지 하지 않겠소?"선생질"하는 인간이라고 모두 성인군자는 아닐 테니!

"~라도" 선생질이든, "~밖에" 선생질이든 실력이 있어야 싸움질을 하지! 전교조 믿고 쟁의 질이나 하며 농땡이 질하는 선생은 "선생질"도 해서는 안 될, 정말로 교편(敎鞭)을 놓아야 할 그저 "먼저 태어난 인간"일 뿐이다. 존경받는 스승이 되기를 포기하고, 철밥통을 고수하며 지식만을 전수하는 노동자이길 자청한 사람들. 교육은 객관적으로 해야지 자기생각에 편향된 주관적인 사고로 교육을 하면, 아직 자기의 주관성이 없는 아이들에겐 세뇌교육을 하는 짓이다! 그런 자들이 할 수 있는 일은 교육이 아니라, 먼저 상식이라도 갖춰서 스승의 길이 무엇인지를 음미해야 할 것이다. 상식 없는 교육보다는 교육 없는 상식이 천 배는 낫다는 격언이 있듯이 상식이 무식하면 지식이 부식된다!

자~ 이젠, 이 문장을 끝으로 "선생질"이란 말은 쓰지 맙시다!

오늘을 사는 의미

오늘은 어제 죽은 사람이 그토록 살고 싶어 하던 하루임을 생각해 볼 때, 세월을 토막 내어 시간으로 계산할 줄 안 인간은 현명하였다. 막연한 추상명사인 세월을 토막 내어 "시계"라는 메커니즘에 담아 肉眼으로 그 세월의 실체를 실감하며 "삶"의 의미를 微分할 수 있었기에, 우리 인간들은 어제의 잘못을 오늘 반성하며 내일을 다짐할 수 있었다고 본다.

누구에게나 단 한번 주어진 "지금 살아 있다"는 이 현실을 구체적으로 실감할 수 있는 "시간"이란 매개체가 없었다면, 그렇지 않아도 허무하게 느껴지는 이 "實存의 有限性"에 얼마나 초조하게 서성거리다 말았을까? 그러나 인간은 위대하였기에, 막연한 세월 속에서 불안에만 떨고 있지 않고 구체적인 시간 속에서 당당하게 내일을 기약하며 오늘을 절실하게 살고 있는 것이다. 세월이란 大海 속에서 시간이란 파도를 헤치며 수동적으로 살려지는 것이 아닌, 능동적으로 살아가는 인간이기 위하여 오늘도 "存在의 意味"를 스스로 부여하며 苦惱하고 있는 것이다.

우리가 오늘을 살아가는데 있어서 가장 고귀한 것은"피와 땀과 눈물"이다. 피를 흘리지 않고 달성된 위업이 없으며, 눈물을 흘리지 않고 값있는 일이 성취된 적이 없으며, 땀을 흘리지 않고 대업이 실현되지 않았다. 우리는 「피와 땀과 눈물」을 사랑할 줄 알아야 한다. 피는 용기의 상징이며, 눈물은 정성의 심벌이며, 땀은 노력의 표상이다. 사람은 피를 흘려야 할 때가 있고, 눈물을 흘려야할 때가 있다. 피를 흘려야할 때 피를 흘리지 않으면 자신의 권리를 잃고 지배를 받게 되며, 눈물을 흘려야할 때 눈물을 흘리지 않으면 후안무치한 냉혈한이 되기 쉽다. 그래서 「괴테(Goethe)」도 "눈물 젖은 빵을 먹어본 사람이 아니면, 인생의 참 맛을 모른다(One who has not had the tearful bread does not know the real pleasure of life)."라고 하지 않았던가?

눈물은 정성의 상징이며, 양심의 심벌이다. 또한 땀을 흘려야할 때 땀을 흘리지 않으면 사회의 패배자, 더 나아가 인생의 패배자가 될 것이다. 땀은 노력의 상징이며, 또한 보람 있는 모든 일은 땀의 산물인 것이며, 땀을 흘리고 분투노력할 때 성공의 열매에서 영광의 향기가 풍기는 것이다.

일찍이 우리 선조들은 땀을 흘리기 싫어하는 사람을 일컬어 불한당(不汗黨)이라고 손가락질 하며 기피하였다. 또한 식생활 문화에서도 나타나듯이, 생판 모르는 사람과도 한 상에서 저마다 입에 넣었던 숟가락을 사용하여 한 냄비의 찌개를 함께 먹을 정도로 세계 어느 나라에서도 볼 수 없는 「더불어 사는」 전통이 유달리 두드러진 민족이다. 그래서 더불어 사는 덕목을 제일로 친 우리 선조들은, 자기(나) 밖에 모르는 사람을 "나뿐인 놈" 즉 『나쁜 놈』(나쁜 놈이 아님)이라고 멸시하며 멀리 했던 것이다.

영국의 「처칠」 수상이 2차 대전 당시 전시내각(戰時內閣)을 구성하고 국회에서 연설한 "내가 바칠 수 있는 것은 피와 땀과 눈물 밖에 없다."고 한 것이 그토록 호소력을 가질 수 있었던 것은, 피맺힌 정열(情熱)과 눈물 젖은 정성(精誠)과 땀에 절은 노고(勞苦)가 누구에게나 감명을 주었기 때문일 것이다.

요즘 세태를 보면, “피”는 약자가 흘릴 수밖에 없는 패배의 상징이고, “땀”은 어리석은 자가 흘리는 무능의 대가이며, “눈물”은 패배자가 흘리는 회한의 징표가 되고 말았다. 군사정권에 길들여진 이후, “줄을 잘 서는 것이 능력에 우선”하고, “수단 방법을 가리지 않고 권모술수에 능한 것”이 적자생존의 원칙으로 자리 잡은, 요즘의 가공할 사회풍토가 아닌가 한다. 이 세상을 이어갈 후세교육에 있어서도, “나”밖에 모르는 이기적인 “털 없는 원숭이”만 양산하고, 고난을 모르는 아니 “고난을 알 수 없는 나약한 아이들”만 주변에 즐비하다. 떡잎을 보면 그 나무를 알 수 있다는데….

이런 실화가 있다. 20세기의 위대한 자연 과학자의 한 사람인 영국의 「알프레드 월레스」가 하루는 「산누에 나비」의 일종인 「천잠나방」의 새끼가 누에고치를 뚫고 나오려고 애쓰고 있는 것을 발견하였다. 어린 「천잠 나방이」 자기를 둘러싼 누에고치를 뚫고 나오려고 안간힘을 다하며 고생하는 것이 너무 애처롭게 보여 누에고치를 조금 찢어 나방이 쉽게 나오도록 했다. 그런데, 이 누에고치에서 나온 새끼나비를 계속 관찰해 보아도 날개가 제대로 나오지도 않고, 아름다운 무늬도 색깔도 생겨나지 않더니 그러다가 얼마 후 새끼나비는 죽고 말았다. 위대한 학자도 새끼나방이 누에고치를 뚫고 나오려고 발버둥치던 그 일이 바로 날개를 튼튼히 자라게 하고 몸의 힘을 길러주며 아름다운 빛깔과 무늬를 갖도록 해주는 자연의 과정인 것을 몰랐던 것이다.

결국 어린 나방이 과잉보호로 고난의 시간은 면제받았지만 그로 인해 더 자라지 못하고 급기야는 죽어버리게 되었던 것이다. 지금의 어려운 현실을 감안하지 않더라도, 우리들에게 있어서 가정에서의 자녀교육은 그 어느 때보다도 중요한 줄 알면서도 소홀히 취급하기 쉬운 어려운 과제가 아닌가 한다. 자녀들과 충분한 시간을 가질 수 없는 보상심리와, 기성세대가 겪은 지겨운 고난을 생각하고 좀 더 편안한 삶을 주고 싶은 애정 때문에 과보호나 자유분방한 무뢰한을 양산하는 것은 아닌지 두렵기도 하다. 물론 창의성과 자유시민의 자질을 익히는데 있어서 이러한 것들의 장점을 과소평가 할 수는 없지만, 인생의 다른 한 면인 극기와 인내의 보람과 어려운 이웃에 대한 관심, 그리고 수고 뒤의 기쁨 등을 자녀들에게 가르쳐 주기 위해서도 고난의 의미 역시 분명하게 알려 주어야 할 것이다.

흔히들, 오늘의 현대인은 "우리"라는 껍질은 있으나 알맹이는 이미 증발한 쭉쟁이 속에서, 위선의 해부와 기만의 쇄분에 지쳐 명분의 허울에만 놀아나는 무대 잃은 어릿광대들이라고 매도하기도 하지만, 그것은 나무에 가려 숲을 보지 못한 비극적 결론이 아닐까 한다. 내가 정말로 "나"인지조차 의심해 보지 않을 수 없는 격변하는 현대인에게 있어선, 상대를 "너와 나"로서 보다는 "또 하나의 나"로서 대할 때만이 진정한 "우리"로서의 의미를 부여할 수 있을 것이다. 算術的으로도 "너와 나"의 合이 "우리"일 수밖에 없다면 결국 너는 "또 하나의 나"일 수밖에 없다고 본다.

"아담"의 늑골에서 뼈를 취하여 "이브"를 창조했다는 聖經의 創世記를 인용하지 않더라도, 최초의 "나"는 "아담"이었고 최초의 "너"는 "이브"였다. 全知全能하다는 조물주가 "아담"의 뼈가 없다고 "이브"를 創造하지 못 했을까 만은, "아담"의 수많은 뼈 중에서도 머리뼈도 아닌, 손가락뼈도 발가락뼈도 아닌 굳이 갈비뼈 중에서 하나를 취하여 "이브"를 창조한 조물주의 상징적 메시지에 더 주목하고 싶다. 만일 "아담"의 머리뼈로 "이브"를 만들었다면 여자는 남자의 머리끝에서 놀아났을 것이고, 손가락뼈에서였다면 손가락 끝에서 경시(輕視) 당했을 것이고, 발가락뼈에서였다면 발밑에 깔려 기도 못 피고 살았을 것이다. 인체에서 가장 중요한 심장을 보호하는 갈비뼈를 취하여 최초의 너 "이브"를 창조했다는 상징적 의미를 되새기면서 우리는 더욱 의지하며, 결국 완성하지 못할지라도 "사랑의 바벨탑"을 쌓아가야 할 것이다.

우리는 오늘을 더불어 사는 공동체이다. 유구한 세월 속에서도 같은 시대에 태어나고, 많고 많은 국가 중에서도 이 땅에 태어나 모든 關心事를 共有하고 있는 세계적으로도 드문 단일민족으로서 「동방의 횃불」을 다시 한 번 불 밝혀 높이 들어야 할 것이다.

완벽한 구성

아기마다 조금씩 다르겠지만, 태어나서 대소변을 가릴 수 있을 때까지 약 2년이 걸린다. 일 년 넘게 하루에 내놓는 기저귀 숫자는 20개가 넘는다. 환경오염이라고 할 때마다 양심이 찔리기는 하지만 키우는 입장에서는 종이기저귀가 냉큼 포기 되지 않는다. 기저귀 세탁 말고도 할 일이 좀 많은가. 지금과 같이 편리한 기저귀가 없었더라면 예전대로 헝겊 기저귀 이용을 어쩔 수 없이 하였겠지만, 일회용 기저귀에 길들여진 편리한 습관을 바꾸고 싶지 않은 것이다. 아무튼 기저귀를 갈아 채우는 숱 회의 과정이야말로 바로 갓난아이 키우기에 겪는 어려움 중의 하나이다.

여물지 않은 몸을 추스를 때마다 전신이 바짝 긴장을 한다. 행여 연륜만큼이나 강해진 억센 손길이 아이의 살갗이나 뼈를 다치게 하지 않을까 불안과 두려움에 초긴장을 하는 것이다. 그러나 아기는 아무 말 하지 못한다. 내가 아프게 했다고 말할 수 없다. 수유를 할 때도 긴

· 1951년생
· 수필문학 등단
· 한국수필가협회 회원, 문학사랑문인협회 회원, 군포문인협회 회원
한국문인협회 회원, 한발소설가협회 회원
· 문학사랑 제10회 인터넷문학상 수상
· 대한사이버문학회 회장
· e-mail : cryingbird50@hanmail.net

장한다. 젖꼭지를 빠는 일이야 본능이라 하지만 아직 제 몸을 움직이지 못하는 아기의 몸의 각도를 잘못 잡아, 우유가 식도가 아닌 기도로 넘어가면 어쩌나 싶어 그 또한 불안하고 두렵다. 혹 잘못 넘어가 사래가 걸려도 아기는 원망의 말을 못한다. 목욕을 시킬 때도 그렇다. 흐물흐물한 아기의 몸뚱이를 잡고 땀을 뻘뻘 흘린다. 조심스런 마음에 안타깝기 그지없다. 아기는 말을 못하니까.

나는 부모님 간병을 가장 안한 자식이기에 특별히 말 할 자격이 없다. 하지만 모시고 있던 동생이 엽렵하고 청결하게 간병을 잘해 드렸다. 일요일 밖에 시간이 나지 않는 형제들은 순번을 정해놓고 부모님께 가곤 하였는데, 동생은 우리가 가기 전 날 거동이 불편하신 부모님을 목욕 시켜 말끔하게 단장 해드렸다. 동생은 일요일 하루 동안 잡수실 죽과 반찬을 마련해 놓고 외출을 한다. 데워 상만 차리면 되었다. 그래도 일요일 부모님 곁에 있노라면 잔심부름이 많다. 말을 곧잘 하는 다섯 살짜리 손녀의 심부름과 다르지 않다는 것을 알았다. 내리 사랑이라는 어른들 말씀을 실감한다. 몸이 불편해 불러대는 어머니의 요구는 잔심부름으로 여겨 귀찮아하면서 손녀의 심부름은 귀찮아도 당연한 것으로 받아들여 잘 참는다. 우연찮게도 난 신생아와 노인을 평면으로 펼쳐놓고 관찰할 기회를 갖게 되었는데, 조물주의 완벽한 구성에 의해 연출되는 생성과 소멸의 규칙이 사람의 일생 속에서도 변함없이 운행되고 있음을 알 수 있었다.

모든 사람들이 다 똑같지는 않지만 사람은 태어나 부모의 헌신적인 보살핌으로 유아기를 보낸다. 청소년기에는 자신의 의지에 따라 생각하고 행동할 줄 안다. 이어서 치열한 생존경쟁에서 살아남기 위한 훈련을 쌓는다. 대학 입학을 위한 입시 지옥은 피해 갈 수 없는 사회현상이다. 대학 진학을 해야만 삶의 질을 높일 수 있다는 고정관념은 이 땅의 잘못된 교육제도 때문인 것을 모르지 않지만 당분간 대안이 없을 듯하다. 궁극적으로 진학은 취업을 위한 경쟁인 것이다. 한 마디로 남보다 더 잘 먹고 잘 살기 위한 투쟁이다. 어쨌든 나름대로 자신의 환경에 맞춰 살아가기 위해, 아니 살아남기 위해 피나는 노력을 한다. 이상과 꿈, 그리고 희망을 갖고 있을 때다. 취업을 해 가정의 경제를 책임 질 때쯤이면 사람들은 안주와 종족보존의 본능에 따라 자연스럽게 하나의 가정을 꾸린다. 이어서 우리가 태어날 때에 모습대로 아기를 자녀로 두게 된다. 그리고 우리는 우리를 키워 준 부모님의 노후를 돌보게 된다. 부모님 돌보기는 우리들의 미래 모습을 곁에서 바라보는 것인데 이방인처럼 낯설고 사실 귀찮아한다.

일생을 마무리 할 즈음이면 대부분의 사람들은 태어날 때에 모습으로 돌아가는 게 아닌가 하는 생각이 든다. 겉은 어른이지만 정신적인 연령은 완벽한 아기이다. 젊은 날의 소중했던 추억마저도 특별한 의미가 없어 보인다. 그 누군가의 도움을 받지 않고서는 스러져가는 생명을 잠시도 지켜낼 수가 없다. 노환으로 기력을 잃고 자리에 누운 채 떠 넣어 주는 죽으로 연명하다가 생명을 놓아 버리는, 부모의 자연사를 지켜보는 자식의 심정이란 몹시 참혹하다.

직장을 그만두고 내 하고 싶은 일만 하겠다던 계획은 아기 돌보기로 차질을 빚었지만 대신 갓 태어난 손자 손녀에게서 축복받는 생명의 탄생을, 노환으로 누워계시나가 돌아가신 부모님에게서는 한 생명이 허무하게 소멸되어 가는 과정을 바라보게 되었다. 난 비로소 생명의 신비 속에 감춰진 조물주의 기, 승, 전, 결의 완벽한 문학적 구성을 엿볼 수 있었다.

노인을 모시는 자식들은 대부분 그분들의 건강했던 때 모습만 기억하고 있다. 말하는 신생아인 것을 미처 깨닫지 못한 채 아기처럼 돌봐드려야 하는 현실을 불편해 한다. 나도 그랬다. 부모님을 아기라고 생각했더라면 고통스러워 부리는 응석쯤으로 받아들였어야 하는데 일일이 토를 달아 부모님의 마음을 불편하게 해드렸다. 서운하셨을 텐데, 야속하고 억울하였을 텐데도 신생아처럼 끝내 말문을 닫으셨다. 손자의 분노는 사랑으로 감쌀 줄 알면서 기력이 쇠잔해진 부모님의 분노는 노인 고집이라고 못 견뎌하였다. 내가 손자를 돌보는 일을 하지 않고 더 나이 들었다면 미움 받는 것에 분노하는 노인이 되어버렸을는지도 모른다. 덕분에 노인으로서 받아들여할 자세도 바로 선 셈이다. 내 아이들에게 지금의 나와 같은 생각을 일찍이 기대하지 않는다. 나도 이제야 깨달은 순리를 나이 어린 자식들에게 기대한다는 것은 무리고 억지다. 때문에 어디서든 그 누군가에 의해 나이 든 어른으로 취급받는다면 흔쾌히 받아들여야 할 것이다.

늙은 사람은 누더기 옷을 걸친 사람처럼 보기 싫다. 아기의 보드라운 살결은 만지고 싶고 뽀뽀해주고 싶고, 금방이라도 향기가 풀풀 날아들 것 같은데, 주름진 노인은 추하게 여겨져 보기 싫다는 것을 의미하는 말인 것 같다. 노인에게는 신생아처럼 돌봐 줄 그런 따뜻한 손길이 필요한 것을 우리는 주지 않으려 한다. 조물주는 인간을 매우 아름답게 빚어놓았는데 떠날 때에 모습은 염두에 두지 않은 듯하다.

부끄러운 육십

초등학교 3학년 손자의 학습지 선생님이 일주일에 한 번씩 오신다. 가정방문으로 아이들을 가르치는 터라 대접받는 차나 음식의 종류도 집집마다 다를 것이라고 생각되어 중복되게 내놓지 않으려 하지만, 번번이 물어볼 수도 없는 터라 늘 마셔도 먹어도 부담이 없는 것으로 내놓으려 한다. 어떤 학습지 선생님은 자기는 커피를 주지 말고 그냥 물만 달라고 처음부터 부탁을 한다. 그렇게 말해주는 분은 갈등할 필요가 없어 편했다. 그렇지 않은 선생님은 일일이 물어보기도 그렇고 해서 커피도 드렸다가 과일 음료수도 드렸다가 하며 반응을 본다. 그도 저도 준비가 안 되었을 때는 물을 드려본다. 말을 많이 하는 직업이라서 목이 마를 거란 생각에서였다. 이번에 바뀐 선생님은 오자마자 물을 찾는다. 갈증이 났던 모양이다. 냉장고에 넣어두었던 보리차를 드렸다. '할머니 표 물이다. 와~맛있다.' 이 무슨 망발(?)인가. 시중에 포장된 보리차를 사다 끓였을 뿐인데 '할머니 표'라니 순간 소름이 쫙 돋는다. 선생님 딴에는 잘 마셨다는 마음의 표시를 정성스럽게 해보려고 하였던 것 같은데 진짜 할머니가 듣기엔 영 불쾌하고 거북했다.

내 살림 수준은 아직도 갓 결혼한 20대 신혼초짜이다. 정말 난 지금도 제대로 하는 게 한 가지도 없다. 육십이 넘었으면 음식은 물론 모든 분야에서 세련되어 있을 때도 되었는데 난 여전히 신출내기다. 집안 살림을 좋아하지 않는데다 살림 중에서 특히 하기 싫은 게 손이 많이 가는 요리다. 그래도 내 손맛에 길들여진 딸과 손자들은 내가 담근 김치가 맛있다고 만들어 달라고 한다. 그래서 신이 나 만들어보지만 그나마 예전과 같은 맛이 나오지 않는다. 몇 번의 맛 실패를 한 후 이젠 김치 담그기를 포기했다.

육십년 세월이 결코 짧지 않을 터인데, 결혼해 아이를 낳고 길렀으면 살림 왕까지는 안 가더라도 웬만한 것쯤은 거뜬히 해결할 줄 알아야 할 터인데 난 하지 못한다. 삼십년을 넘게 가족의 모든 것을 책임져온 주부답지 않게 여전히 생소하다. 주위의 젊은 주부들은 내가 뭐든지 잘 할 수 있는 나이라고 믿고 있는 눈치다. 그래서 학습지 선생님처럼 나를 그렇게 노련한 늙은이처럼 바라본다. 이렇게 숙맥인 것을 알면 얼마나 경멸할까 싶은 부끄러움이 요즘 부쩍, 자주 든다.

일사에 손을 놓고 지낸지 세월이 꽤 흘렀다. 세월이 흐를수록 살림에 점점 자신이 없다. 자신 없는 건 살림뿐만이 아닐 터였다. 커피숍에서 주문하는 커피의 이름들도 낯설고, 퓨전요리 메뉴도 낯설다. 초대되어 가는 음식점 분위기가 낯설어 기가 죽기 일쑤다. 수시로 튀어나오는 시사용어와 외래어도 낯설다. 세상은 즐길 수 있는 것들, 알아가야 할 것들이 점점 많아지고 있는데, 바르게 알고 제대로 즐길 수 있게 익숙한 것들이 한 가지도 없는 것 같다. 암만 생각해도 난 나이값을 하며 살기는 그른 듯하다.

봄 생선회

프롤로그

오는 봄을 꽃샘추위가 가로막고 있다. 아무리 그래봤자 새 생명의 넘쳐나는 에너지를 감당할 수 있겠냐마는 항상 이맘때면 순순히 봄이 찾아오지 않는다. 봄이 오는 듯싶다가도 꽃샘추위에 봄 맞을 준비를 마친 꽃봉오리의 애를 태우고 있다. 마치 그리운 님 기다리는 새악시 애간장을 태우듯이.

여름 생선회에 대한 사설을 길게 풀어 놓았더니 생선회 먹으러 가자는 이야기를 심심치 않게 들었다. 물론 사준다는 것이 아니라 사달라는 것이다. 매번 거기에 응할 수 없어 내년 여름을 기약하자고 둘러쳐 버렸더니 최근에는 봄에 좋은 생선에는 어떤 것이 있느냐고 계절에 앞서 묻곤 한다. 당연히 봄에도 봄에 맞는 생선이 있다. 하지만 멋모르고 이야기해 버렸다간 또 그것을 먹자고 할까봐 조심스럽다. 하

· 1956. 9. 12 경북 의성 출생
· 부산수산대학교 졸업
· 한국해양수산개발원 연구위원
· 대한사이버문학 동인
· 칼럼리스트
· 전화 : 010-6209-3364
· e-mail : ysock57@hanmail.net

지만 그렇다고 해서 창 밖에 와 있는 봄을 외면할 수만은 없다. 봄이 채 시작도 되기 전에 자신이 먼저 바닷가 나갈 궁리만 하고 있는 것이다. 보름을 넘기면 봄이라고 했던가? 보름이 되기도 전에 갯가 소식이 궁금해진다. 궁금증이 나면 견디지 못하는 것이 천성이어서 갯가에는 나가지도 않고, 봄이 되면 항상 입을 즐겁게 해주는 봄 생선 생각만으로 입맛을 다셔본다.

매화 피는 초봄의 갯가

봄은 만물이 소생하는 계절이다. 강남 갔던 제비가 돌아오고 보리밭에는 보리가 알을 배게 된다. 겨우내 얼었던 강물은 녹아 실개천이 지류를 이루게 되고, 지류는 큰 강물이 되어 바다로 흘러 들어가게 된다. 풍부해진 영양염류와 수온상승은 플랑크톤에도 변화를 주어 연안 근처에 서식하던 어종들의 생태에도 변화가 오게 된다. 또 먼 남쪽까지 남하했던 한류가 서서히 북쪽으로 밀려남에 따라 난대성어류들이 몰려들어오기 시작한다. 이 시기가 되면 강과 바다에도 자연의 변화는 어김없이 시작된다. 이에 따라 다양한 어종들의 살 맛도 종류에 따라 변하기 시작한다. 겨우내 맛이 있었던 어종은 서서히 살 맛이 퇴락하기 시작하고 새로운 어종이 그 뒤를 이어 우리의 입맛을 자극하기 시작한다.

봄의 전령은 매화꽃인가 산수유인가? 앞서거니 뒤서거니 피는 꽃이지만 이 무렵이면 가장 먼저 우리 입맛을 자극하는 생선으로 숭어가 있다. 숭어는 보름이 지나면 바로 살이 차 감칠맛이 온 몸에 배는데, 그런 점에서 꽃소식에 따라 숭어가 맛이 드는 것이 아니고, 숭어가 살이 차면 꽃이 피는 모양이다.

숭어는 크기에 따라 바닷가에서 부르는 이름이 다르다. 김포나 강화지방에서는 숭어새끼를 '동어'라고 한다. 늦은 봄에 부화된 숭어가 가을이 되면 10Cm 정도 크기로 자라는데, 이는 회보다 구워 먹는 것이 더 맛있다. 석쇠에 올려 구우면서 소금을 뿌리면 바로 소금구이가 되는데, 숭어의 별미이다. 그렇지만 뭐니 뭐니 해도 숭어는 봄철 횟감으로 먹는 것이 제 맛이다. 동어(숭어)가 겨울을 지나 1년생이 되면 '글거지'라고 하며, 이것이 다시 3년생쯤 되면 '정어'라고 하는데 크기가 40Cm에 이르는 모양을 갖춘 숭어가 된다.

경기도 지방의 속담에 '오농어, 육숭어, 사철준치다'라는 말이 있다. 또 '오농 육숭이요, 육서에 사철 준이라'는 말도 있다. 이는 6월 무렵에 숭어가 제 맛을 내기 시작한다는 말이다. 이때는 숭어가 산란을 하기 전이어서 맛이 한층 뛰어난데, 이 무렵 숭어 맛이 좋다는 것은 알 만한 사람은 알기 때문에 슬그머니 가격이 오르게 된다. 이런 의미에서 보면 숭어는 여름에 맛있는 횟감으로 볼 수 있다.

그러나 일 년 전에 부화한 숭어가 해를 넘겨 30Cm 정도 되는 '글거지'가 되면 이른 봄에 육지 근처로 몰려오게 된다. 이 어린 글거지는 정월 대보름 무렵부터 잡히기 시작하는데 이런 어린 숭어의 회 맛은 6월의 숭어회에 비할 수 없다. 경기도 지방에서는 '오농어, 육숭어, 사철준치'라는 말로 표현하지만, 남쪽에서는 이들 '글거지'급의 숭어를 봄철 최고의 미각으로 친다. 경상도나 전라도에서는 '봄 숭어, 가을 전어'라는 말로 표현을 하는데, 이때에 봄은 정월 보름부터 보리가 알을 배는 시기까지를 의미한다. 이런 면에서 본다면 서해안에서는 5, 6월이 숭어의 제 철이지만, 경상, 전라지방에서는 2, 3, 4월이 숭어의 제 철이라고 할 수 있다.

숭어는 우리나라 전 연안에서 어획되는 비교적 대중적인 횟감인데, 봄철 살이 오른 어린 숭어회 맛은 그 값에 비해 기가 막힌 미각을 지니고 있다. 이 무렵 바다가 바로 보이는 야외 마루에 올라 큼직하게 썬 숭어 한 점을 입에 넣고 오물거려보면 숭어 살이 달작지근하다는 것을 알 수 있다. 따라서 이 맛을 제대로 음미하기 위해서는 초장이나 양념장을 조금만 찍거나 아니면 아예 살만 그대로 맛보도록 해야 할 것이다. 그리고 무엇보다 이 무렵에 숭어를 고를 때는 다 자란 것을 피하고 30Cm 정도 되는 '글거지'를 고르는 것이 무엇보다 중요하다.

숭어는 바다 위로 잘 뛰어오르는 습성이 있다. '숭어가 뛰니 망둥이도 뛴다'는 속담은 이것을 빗대어 만들어진 속담이다. 이런 습성을 이용하여 옛날에는 뱃전에서 커다란 깡통을 두드려 이 소리에 놀라 뛰어오르는 숭어를 잡기도 했다. 그러나 지금은 그물이나 낚시로 대부분 잡고 있다.

예로부터 맛좋은 숭어가 많이 잡히기로는 영산강이 유명하였다. 특히 영산강의 숭어알로 만들던 魚卵은 임금님 진상품으로 올라갈 만큼 유명하였지만, 지금은 어디 제대로 구경할 수나 있을까? 영산강이 아니더라도 김포나 강화 등 서해안에서도 숭어가 많이 잡히기 때문에 주말에는 숭어회든 동어구이든 나들이 길에 필히 한번 맛 볼일이다.

다음으로 입맛을 자극하는 생선으로 광어가 있다. 광어를 봄철 회로 꼽았지만 사실 광어만큼 대중적인 회도 없다. 따라서 광어는 언제, 어디서나 맛있는 회라고 할 수 있다. 다만 봄이 시작되는 2월이 지나면서 살에서 찰기를 더하다가 봄 햇살이 온 사방에 비출 때 맛의 절정에 이른다는 것이지 이때만 맛있다는 것은 아니다. 그래서 봄 광어가 맛있다는 것은 다분히 자연산에 적합한 이야기라 할 수 있다.

80년대 중반까지만 하여도 광어는 고급횟감의 대명사였다. 회뿐만 아니라 찜이나 조려먹어도 맛있고, 남쪽지방에서 먹는 방법이지만 국을 끓여도 맛있다. 즉 생일날 미역국을 끓일 때 쇠고기 대신 광어를 넣어 끓여 먹는데, 그 맛이 기가 막히다. 물론 회를 떠서 먹으면 적당한 지방량으로 인해 일견 담백한 듯이 느껴지기도 하고, 일견 지방의 풍미가 느껴지기도 해서 마치 고급젤리를 먹는 듯하다. 즉 먹을수록 입안에 감칠맛이 돌뿐만 아니라 씹는 맛 또한 쫄깃쫄깃하고 회의 색택도 흰 살 계통의 고기이기 때문에 아주 고급스런 분위기가 난다. 광어는 저서 정착성 어종이기 때문에 쉽게 남획이 되어 그 희소성 때문에 고급횟감의 대명사가 되었다. 광어보다 흔한 것으로서 가자미의 일종인 '도다리'가 있다. 그래서 갯가 사람들은 도다리이야기를 많이 한다. 우리가 가을전어를 높이치고 있지만 봄이 되면 거들떠보지도 않는다. 그래서 나온 말이 '봄 도다리, 가을전어' 또는 '봄 도다리, 가을 낙지'라는 말이다.

그러나 1980년대 들어서면서 광어는 대량으로 양식되기 시작하였다. 그래서 지금은 도다리보다 더 싸게 사먹을 수 있다. 가격이 싸졌다고 해서 회 맛까지 떨어질 리야 있을까? 아무리 그래도 광어는 광어가 아닌가? 양식이 보편화됨에 따라 자연산 광어를 찾는 사람들이 늘어나고 있다. 자연산 광어가 양식산 보다 못할 리야 없겠지만 그 맛의 차이란 구분해내기가 매우 어렵다. 양식산이 다소 지방질이 많은 것으로 알려지고 있는데, 지방질이 많으면 감미로운 맛이 더 많이 나기 때문에 사람에 따라서는 양식산이 더 취향에 맞을 수도 있다. 또 광어는 대부분 양식산이고, 도다리는 자연산이라고 믿는 사람들도 있지만, 요즘은 도다리도 많이 양식되고 있다.

광어와 도다리를 구분하는 방법으로 좌광우도법이 많이 사용되고 있다. 즉 광어와 도다리는 새끼고기 때는 반듯하게 헤엄을 치지만 자라면서 바닥에 눕기 시작하는데, 이때 고기를 마주보는 방향으로 눈이 왼쪽으로 몰려가면 광어, 오른쪽으로 몰려가면 도다리라고 한다. 이런 점 때문에 한때 광어는 좌경화된 고기라고 입 안주에 오르내리기도 했다. 이런 방법은 한동안 광어와 도다리를 구분하는 방법으로 애용되어 왔으나, 반드시 그런 것은 아니라고 한다. 생태환경에 따라 반대가 되는 수도 있다고 하니 주의해야 할 것이다.

광어를 먹을 때는 지느러미 살이 가장 맛이 있다. 횟집에 가면 이를 일본말로 '엔삐라'라고 하는데, 이는 지느러미를 움직이는 근육으로서 대부분의 생선이 그렇지만 광어회 지느러미 살은 특히 더 맛이 있다.

유채꽃 흐드러지는 남녘의 4월

4월이 되면 봄은 바야흐로 무르익기 시작한다. 요즘은 4월하면 가장 먼저 떠오르는 꽃이 벚꽃과 진달래이지만, 3,40년 전의 갯가 풍경은 유채꽃으로부터 시작한다. 진달래야 원래 우리나라 야산에 지천으로 피어있던 것들이라 유감이 있을 리 없지만, 언제부터인가 벚꽃으로 뒤덮이기 시작한 산하를 보면 유감이 없지가 않다. 봄철 그 화사한 꽃을 찾는 행락객을 조금이라도 더 유치하려는 지자체의 유치한 전략으로 경쟁적으로 심었던 것이 우리나라의 벚꽃 풍경이다.

이에 비해 유채꽃은 꽃이 주는 화려한 색상보다 유채를 심지 않을 수 없었던 갯가 사람들의 아픈 역사 때문에 더 짠한 느낌을 준다.

3,40년 전만 해도 제주를 비롯한 전남, 경남 바닷가는 온통 유채 밭이었다. 바닷가 거친 겨울 해풍을 견디며 자랄 수 있는 식물로는 유채만 한 것이 없었기 때문이다. 유채가 꽃을 피우고 씨앗을 맺으면 그것으로 유채기름을 짤 수 있는 경제작물이었기 때문에 4월이 되면 남쪽 갯가에는 어디나 할 것 없이 유채를 심었다. 그래서 섬마다 유채꽃이 피면 비로소 진짜 봄이 왔다는 것을 알 수 있었다. 하지만 지금은 값싼 중국산에 밀려 그런 모습을 볼 수 없어 안타까운 마음을 더해준다.

이 무렵 갯가에서 우리 입맛을 사로잡는 생선으로 도미가 있다. 물론 도미 역시 광어와 마찬가지로 4계절 모두 맛이 있지만 그 중에서도 봄과 여름에 가장 맛이 있다. 도미가 봄과 여름에 맛이 있다고 했지만 이는 도미에는 여러 종류가 있기 때문에 종류에 따라 조금씩 맛있는 철을 달리하고 있다. 생선회는 대체로 산란기 전에 맛이 있는데, 도미 중에서 첫손에 꼽히는 참돔은 우리나라를 기준으로 4~5월에 산란을 하기 때문에 산란기 전인 3~4월의 참돔 회 맛이 가장 좋다. 이 시기가 되면 '썩어도 돔이다'라고 할 정도로 그 맛이 빼어나다고 할 수 있다. 하지만 감성돔의 경우는 한 여름에 산란을 하기 때문에 초여름이 가장 맛이 있는 시기이다. 또 붉돔의 경우 가을이 산란철이기 때문에 늦여름이나 초가을이 가장 맛있는 시기이다. 아무튼 봄이 되면 참돔은 그 외양도 외양이지만 선홍색과 투명한 흰 속살로 인해 갯가 식도락의 운치를 한층 풍요롭게 한다.

참돔 회 맛은 씹는 맛과 그 색깔에 있다. 우선 씹는 맛은 육질이 단단하기 때문에 오독오독하게 입 안 가득 씹히는데, 때에 따라서는 마치 맛좋은 젤리를 씹는 듯하기도, 때에 따라서는 아삭아삭한 과육을 씹는 느낌이 들 때도 있다. 과일 중에서 씹는 맛 하면 단연 개구리참

외의 아삭아삭함을 최고로 치듯, 회감 중에서 씹는 맛이라면 봄철의 참돔을 들 수 있다. 다음으로 그 색깔은 붉은 선홍빛과 흰빛이 적절히 배합되어 있어 식욕을 자극한다. 배 부분에 일부 흰빛도 있지만 전체적으로는 선홍빛이기 때문에 흰빛에서 연상되는 느끼한 맛은 전혀 느낄 수 없다. 또한 연한 선홍빛이기 때문에 완전히 붉은 계통의 회 살에서 느껴지는 느끼한 거부감도 없다. 그래서 일본에서도 봄철의 참돔회는 벚꽃 필 때의 맛과 색이 벚꽃과 같다고 하여 '벚꽃 돔(사꾸라다이)'라고 한다.

봄볕이 따사로운 4월이 되면 남해안에서 맛볼 수 있는 색다른 생선이 있으니 멸치회가 바로 그것이다. 멸치 회는 우리가 흔히 먹는 마른 멸치로 애용되는 작은 멸치가 아니라 젓갈용 큰 멸치를 말한다. 젓갈용 큰 멸치는 길이가 10Cm 정도 되는 것으로서 등뼈를 기준으로 두 개의 포를 떠서 먹는다. 멸치 회는 상추에다 쌈을 싸서 먹기도 하고, 무채와 함께 초고추장에 버무려 먹기도 하는데 어떻게 먹든 맛있다. 먼 바다로 나갔던 멸치가 산란을 위해 살이 올라 살 속의 풍부해진 아미노산 함량은 멸치회가 주는 독특한 풍미를 더해준다. 멸치 회는 육질 변화가 빠르기 때문에 갯가가 아니면 먹기 어렵다. 반면 가격이 저렴하기 때문에 누구나 부담 없이 먹을 수 있는 지역 특산 음식이라 할 수 있다. 그래서 4-5월 경 부산이나 울산 등지로 여행을 떠난다면 멸치 회를 반드시 먹어 볼 일이다.

청보리 익어가는 5월 갯가

5월이 되면 꽃 향이 진동을 하던 라일락도 기운을 잃어가고 대신

화려한 장미의 계절이 도래한다. 하지만 장미는 도회 유원지에서나 만발할 따름이지 갯가 시골에서는 청보리 익어가는 밭둑 한 곁에 찔레꽃이 만발한다. 향이 없이 무심한 듯 키만 높이는 청보리 밭둑에 홀로 향을 뿜으며 군락지어 피어오른 찔레꽃이 자연스럽게 익숙한 우리의 풍경이라면 장미꽃 만발한 화원의 정경은 서구적이고 작위적인 풍경이다. 그래서 5월 회 맛을 돋우는 데는 장미화원보다 청보리 익어가는 갯가 주막집이 훨씬 더 운치가 있다.

이 무렵이면 우리 입맛을 자극하는 생선 중에 웅어가 있다. 웅어는 강이 있는 바닷가 근처에서 서식하다가 봄이 되면 강으로 올라오는 고기인데, 예전에는 한강이나 금강 하류에서 많이 잡혔다. 그래서 서울사람들이 웅어 회를 많이 먹었는데, 요즘은 쉽게 보기 어려워졌다.

예로부터 서울지방에서는 웅어가 매우 맛이 좋은 고기로 소문이 난 듯하다. 경도잡지와 같은 문헌에 의하면 웅어는 늦은 봄, 초여름에 사옹원(司饔院) 소속의 관헌들이 그물로 잡아다가 궁중에 진상하였다고 한다. 또 고기장수들이 거리로 돌아다니면서 웅어 사라고 외쳤다고 하면서 웅어는 횟감으로 좋다고 하였다. 이러한 웅어가 요즘은 쉽게 볼 수 없다. 자원이 감소되었는지, 잡는 사람들이 많지 않아 일반인들이 쉽게 접할 수 없기 때문인지는 모르겠다. 하지만 한강개발사업 이후 많은 어류자원이 회복되고 있기 때문에 봄철 웅어도 제법 올라오고 있다. 이러한 웅어에 대한 소회를 박종화 선생은 일찍부터 다음과 같이 기록으로 남기고 있다.

…웅어는 한강 중에도 꼭 행주 강에서만 난다. 5월 단오 상치 쌈 먹을 때 웅어가 고조(高潮)된다. 이것도 서울 사람만 얻어먹는 맛의 하나다. 요사이도 5월 단오 때, 행주 강으로 나가서 행주산성을 바라보

면서 임진왜란 때 권율장군의 이야기를 주고받으면서, 뱃놀이(船遊)를 하면서 웅어회를 먹는 맛은 기막히게 좋다.

웅어는 회로만 먹을 것이 아니라 칼날같이 푸르고 흰 웅어를 두름으로 낚아서 집으로 가지고 돌아온 후에 주부한테 주어 난도질을 쳐서 동글동글 단자를 만든 후에 고추장을 물에 타서 끓여 놓고 상치쌈을 해서 먹으면 천하일품의 진미이다.

행주산성은 일산 신도시가 개발되기 전만 하여도 포구 모습을 갖춘 곳이 몇 군데 있었다. 지금은 자유로다, 신도시다 해서 개발이 되어 포구 모습은 많이 사라졌지만, 능곡 근처에 가면 웅어 횟집이 몇 집 남아 있다. 또 금강 유역에 가도 웅어회를 파는 곳이 더러 있다.

청보리 익을 무렵 맛있는 또 다른 생선회에 쑤기미가 있다. 쑤기미는 일명 범치라고 하는데 맛과 독의 두 가지 점에서 복어와 흡사하다. 쑤기미는 서울에서는 잘 보기 힘든 고기이다. 남해와 서해에서 주로 어획되지만 맛이 좋아 대부분 일본으로 수출되고 있다. 쑤기미는 서식 장소에 따라 몸의 색이 달라지는데 보통 흑갈색 또는 황색을 띠고 있다. 범치라는 이름에서 느껴지듯이 이 고기는 못생긴 외모를 지니고 있다. 그러나 그 맛은 보통 횟감에서 느낄 수 없는 독특한 맛을 지니고 있다.

쑤기미도 산란철 전이 가장 맛이 좋다. 물론 이 고기는 사철 그 풍미를 잃지 않지만 3~5월을 최고로 맛있는 시기로 치고 있다. 그 이유는 6~7월이 산란철이기 때문에 봄보리가 푸르름을 더해 보릿대에 알을 배기 시작하는 시절을 최고로 맛있는 시기로 치고 있는 것이다. 일설에 의하면 쑤기미의 회 맛은 복어 회 맛과 흡사하기 때문에 복어 회를 먹을 수 없는 봄에 복어 회에 견줄만한 맛을 지닌 횟감을 대신 찾은 것이 이 쑤기미 회라고 한다. 따라서 봄의 쑤기미 회는 복어 회에 못지않은 가격을 지불해야 하며, 그 맛도 복어 회와 구분하기 힘들 정도라 할 수 있다.

쑤기미는 등쪽 지느러미가 모두 침과 같이 날카로운데, 이 침에 찔리면 매우 위험하다. 이는 이 지느러미에 독성이 있기 때문인데 미인에게 가시가 있듯이 맛좋은 고기에도 반드시 독이 있는 것일까?

에필로그

2월 마지막 휴일에 1박2일로 겨울 설악을 다녀왔다. 온 산하가 눈천지. 그야말로 설국 산중이었다. 하지만 설산 등반을 마치고 미시령 날머리를 벗어나는 순간 눈앞에는 봄이 이미 펼쳐져 있었다. 눈 녹은 개울물 소리가 봄을 깨우고 있었던 것이다. 봄. 더 이상 겨울왕국에 머물러 있을 수는 없다. 남녘에서는 이미 동백이 꽃을 피우고, 매화가 꽃순을 터트릴 것이다. 이러고 있을 수는 없다. 온 몸에서 겨울의 잔재를 훌훌 털어버리고 봄을 맞으러 가야한다. 사방이 꽃으로 뒤덮인 열락의 세계로 가야한다. 거기는 꽃소식과 함께 내유하는 진미의 세계도 공존하고 있다. 고운 님 함께 종류마다 다양한 생선회 한 점 음미하고, 이윽고 눈을 감으면 들려오는 바람소리, 그리고 꽃향기 가득한 희락의 세계가 있다.

신 백설부

금년 겨울 동해안에 엄청난 폭설이 쏟아졌다. 눈 폭탄으로 인해 크고 작은 사고도 많이 일어났다. 언론에 의하면 백 년만의 폭설이라고 한다. 금년 눈의 특성은 습기를 많이 머금은 습설이라 한다. 그래서 눈의 무게를 이기지 못한 집이나 건물이 많이 무너졌다. 대형 참사도 일어났다. 건축법의 제약을 받지 않는 축사와 비닐하우스 피해가 특히 컸다.

눈은 어린아이와 강아지가 좋아한다고 한다. 둘 다 철이 없기는 매한가지다. 나도 눈을 좋아한다. 그렇다면 나도 철이 없는가보다. 하지만 철든 것과 눈 좋아하는 것이 상관관계가 있다면 나는 감연히 철이 없는 쪽을 택하고 싶다. 철든 것보다는 비록 철이 덜 들더라도 눈을 바라보고 눈 속에서 뒹구는 것이 좋기 때문이다.

'기차가 터널을 빠져 나왔을 때 그곳은 그야말로 설국(雪國)이었다'로 시작되는 가와바타 야스나리의 소설 '설국' 첫 구절이 생각난다. 그곳의 주 무대는 일본 니이가타현이다. 우리의 동해와 면해 있는 그곳은 금년에 우리보다 훨씬 더 많은 눈이 내렸을 것이다. 주인공은 그곳에서 젊은 게이샤와의 짧은 연정을 간결한 문체로 잘 묘사했다. 황순원의 '소나기'도 간결체의 정수를 보이지만 이 소설도 눈 덮인 니이가타의 모습과 주인공의 심리변화를 간결한 문체로 적확하게 묘사하고 있다.

내가 눈을 유달리 좋아하는 것은 어른이 될 때까지, 아니 어른이 되고도 한참 동안 눈이 거의 내리지 않은(내린다하더라도 쌓인 눈이 반나절을 넘기지 못하는) 남쪽지방에서 보냈기 때문이다. 서른이 다 되어서야 서울로 왔더니 하숙집 주인아주머니께서 눈만 오면 걱정을 하시던 것이 의아했다. 이후 삼십년이 넘도록 서울에 살면서 겨울마다 눈을 겪었지만 아직 눈에 싫증이 나지 않는다. 싫증이 나지 않는 게 아니라 눈이 적게 내리면 섭섭해지기도 한다. 이런 상황이고 보면 내가 눈을 동경한다고 하지 않을 수가 있겠는가?

눈을 좋아하는 또 다른 이유는 내가 산을 좋아한다는 점이다. 고등학교를 졸업하고부터 등산이라는 것을 시작했으니 산 경력도 얼추 40년은 되었다. 국내산을 두루 섭렵하다보니 다음으로 눈을 돌리게 된 것이 해외 산이다. 우리나라와 달리 고산이 많은 외국 산은 대체로 설산이 많다. 3,000m급만 해도 정상부에 눈이 없을 때가 일 년 중 얼마 되지 않는다. 멋진 산을 볼 때마다 정상부에는 눈이 있으니, 눈 동경은 자연스런 일이 되어 버렸다. 그래서 철이 들되 삭막하게 사는 것보다는 비록 철이 덜 들더라도 눈 산을 바라보고, 눈 속을 걷고, 눈을 맞는 낭만을 느끼는 것이 훨씬 더 좋은 것이다. 눈 오는 밤, 포장마차에서의 따끈한 청주 한 잔은 더할 나위 없는 운치가 아닌가?

지난 금요일 오후. 지인으로부터 난데없는 설국 비박을 가자고 제안이 왔다. 폭설이 쏟아진 설악으로 들어가자는 것이다. 주말 일정이 몇 가지 있었음에도 앞뒤 잴 겨를이 없었다. 네 명의 동반자들은 카톡으로 제안을 받자말자 모두 즉석에서 오케이. 그 즉시 집합시간과 장소, 준비물을 간단하게 합의하고, 바로 준비에 들어갔다. 모두 동류형 인간들임에 틀림없다. 내가 제안을 받은 곳은 부산에 있을 때였지만 바로 고속버스로 귀경하여 새벽녘에 짐을 꾸렸다.

설악산 마장터. 정확하게 인제군 북면 용대리에 속해 있는 곳. 그 곳이 우리의 최종 목적지였다. 앞뒤 재지 않고, 주말의 일정도 모두 묵살해 버리고 떠날 만큼 마장터에 대한 흡인력은 컸다. 우리나라 비박 매니아들에게 마지막 남은 천혜의 비박지. 산악 잡지뿐만 아니라 일반 공중파 매체를 통해서 심심찮게 보도되고 있는 품새를 봐서 오래지않아 이곳도 도떼기시장이 될 것 같은 예감에 조바심을 느끼고 있었는데, 드디어 기회가 온 것이다. 금년 겨울도 끝나가는 마당에 생각지도 않게 찾아온 이 제의를 어찌 마다할 것인가! 더구나 강설량이 금년만큼 풍부한 때가 언제 있을 것인가?

진부령과 미시령 사이에는 두 개의 커다란 설악 지봉이 있는데, 그 오른쪽이 신선봉, 그 왼쪽이 마산봉이다. 마장터는 신선봉과 마산봉 사이에 있는 또 다른 재, 이름 하여 대간령으로 오르는 입구에 위치해 있다. 신선봉과 마산봉 능선은 대청에서 북쪽으로 공룡능선과 황철봉으로 연결되는 백두대간 줄기이다. 그래서 험하기로 이름나 있는데, 옛날 미시령과 진부령이 뚫리기 전 고성사람들과 인제사람들은 신선봉과 마산봉 사이의 재를 넘어 물물교환을 하였다. 그 재가 바로 샛령으로서 지금은 대간령으로 이름 붙여져 있다. 속초, 고성 사람들은 동해바다에서 나는 수산물을 인제사람들의 농산물과 교환하여 생활하였는데, 좀 더 좋은 조건으로 교역하기 위해 인제군 원통 장까지 짊어지고 샛령을 넘어 다녔다고 한다. 장을 보고 돌아오면 날이 어두워지는데, 이 마장터에서 하룻밤을 자고 돌아가곤 하였다. 그래서 마방과 주막이 있던 곳이라는 뜻에서 마장터라고 이름 지어졌으며, 많을 때는 30여 호가 있었다고 한다. 하지만 후에 진부령과 미시령이 뚫리고, 화전민에 대한 이주정책이 실시된 이후로 비어 있다가 최근에 오두막

두 채가 들어섰다.

마장터 가는 길은 미시령 초입에서 다시 한 시간 이상 트레킹을 해야 한다. 트레킹이라고 해도 평지는 아니고 다시 재를 하나 넘어야 한다. 그래서 마장터는 해발 600m 고지대에 위치해 있다. 마장터를 가기 위해서는 미시령에서 흘러내리는 개울을 하나 건너는 데서부터 시작하는데, 이 개울이 겨울과 봄의 분계령이 되고 있었다. 개울을 건너기 전까지 주변 설경을 바라보며 희희덕거리다가 개울을 건너는 순간, 바로 겨울왕국의 입성이었다. 계곡을 따라 오르는 내내 좌우 산비탈에는 허리까지 오는 눈의 천지. 마장터까지는 꼭 필요한 폭 만큼만의 눈길이 나 있었다. 폭설이 내린 다음, 누군가 러셀을 해 둔 탓이리라. 하지만 러셀된 길이 제법 다져져 있는 것으로 보아 이미 상당수의 비박팀들이 입산했음을 알 수 있었다.

마장터 오두막을 지나면서 우리는 어디를 우리의 비트로 할 것인지 좌우를 살폈다. 마장터는 평지가 많기 때문에 양질의 비박지는 쉽게 발견할 수 있다. 우리는 많은 고민을 하지 않고 낙엽송 숲 속에다 바로 비트를 구축하기로 했다. 눈이 무릎까지 차올라 접근하는데 어려움이 많았지만 한번 결정하고 나니 그대로 일사천리였다. 배낭을 내려놓고 접근로를 만들었다. 서너 차례 몸으로 길을 만드니 제법 통로가 생겼다. 그리고 비트로 정한 곳은 한 줄로 서서 눈을 다지기 시작했다. 어느 정도 눈을 다지고 나니 50센티 정도 깊이의 다져진 눈 바닥이 완성되었다. 여기에 잽싸게 텐트를 치고 한쪽에는 주방을 만들었다. 눈 벽에는 간이 냉장실도 만들었다.

비박의 백미는 캠프파이어. 눈 속이라 어떻게 불을 피울까 고민하는데, K형이 마른 나무를 구해온다. 기대에 부응하고자 어떻게든 불을 피워야 하는데, 궁리하다가 버너 바람막이를 이용해 보기로 하였다. 바람막이 위에 작은 나뭇가지를 얼기설기 엮은 다음 그 위에 다시 마른 나무를 올려 불을 피웠다. 잘 붙었다. 뿐만 아니라 밑에 얼기설기 엮은 작은 나뭇가지는 생나무라서 그런지 잘 타지도 않았다. 궁하면 통한다. 우리는 밤 늦게까지 정담을 나눌 수 있었다. 열기에 알루미늄 바람막이가 뜨거워지자 눈이 조금씩 녹아 눈구덩이가 생겼다. 하지만 눈구덩이 속에서도 모닥불은 꺼지지 않았다. 우리는 각자 가져온 술이 다 떨어질 때까지 즐거운 겨울 눈 밤을 즐겼다. 아침에 일어나보니 눈구덩이는 눈 바닥에서 다시 50센티 정도 밑으로 꺼져 있었다. 눈은 1미터 가까이 쌓여 있었던 것이다.

다음날 쓰린 속을 매생이 굴 국으로 달랜 다음 우리는 산으로 향했다. 신선봉을 목적지로 했으나 길이 나 있을 것 같지는 않았다. 그냥 러셀이 되어 있는 곳까지 가자고 했다. 길은 대간령까지 러셀이 되어 있었다. 눈 쌓인 산속은 태고의 고요함이 깃들어 있었다. 올라가는 동안 두 곳의 야영객들만 발견할 수 있었다. 모두 소로우의 후예들이다. 한 곳에서는 자그마한 설동도 보였다. 갑자기 친밀감이 엄습해 왔다. 하지만 그들은 텐트 속에서 미동도 하지 않았다. 어제 밤 우정 행각을 알 듯도 했다. 마장터에서 대간령까지는 2km. 보통 때라면 40~50분이면 오를 수 있다. 하지만 러셀이 된 눈길이라 해도 시간이 많이 지체되었다. 걷다가 길 중심에서 좌우로 조금만 발걸음이 벗어나면 바로 눈 속으로 발이 푹푹 빠진다. 대간령에 오를 때쯤 되어서는 등산화가 온통 젖었다. 동계 비브람을 신고 온 K형만이 신발이 보송보송하다. 돈의 위력을 여기서도 느낀다.

대간령에 섰다. 옛날에는 샛재라고 하였던 곳이다. 영 너머에는 고성군의 산군들이 하얗게 빛나고 있었다. 바다가 보이리라는 희망은 헛된 것이었다. 하지만 온통 주위는 눈 천지. 눈밭의 한가운데 서 있다. 대간령 이정표가 무릎 높이 정도밖에 되지 않는다. 원래는 사람 키를 넘는 크기라고 하니 눈이 1.5m는 족히 쌓였다는 것을 알 수 있다. 대간령을 넘으면 고성군 토성면 도원리. 왼쪽으로는 마산봉 가는 길. 오른쪽으로는 신선봉 가는 길이다. 이정표에 마산봉까지는 3km로 되어 있다. 보통 때면 아무리 험하다고 해도 1~2시간이면 갈 수 있지만 이런 눈길을 헤치고 가려면 6~7시간은 족히 걸린다고 한다.

대간령 꼭대기에서 일단의 젊은이들이 비박을 하고 있었다. 그들은 신선봉으로 러셀을 해보고자 열심히 설피를 신는 중이었다. 고갯마루라서 어제밤 바람이 엄청났을텐데… 아니나 다를까 바람이 겁나게 불었다 한다. 우리는 신선봉은 못가더라도 첫 봉우리까지는 젊은이들을 따라 올라가보자고 했다. 조금이라도 더 나은 조망을 보고 싶어서였다. 하지만 설피로 러셀을 해 놓은 곳이라 해도 그냥 걷는 것은 보통 일이 아니었다. 발을 잘 못 디뎌 눈 속에 빠지면 혼자 힘으로 일어나지 못할 정도로 산 속은 눈에 뒤덮여 있었다. 산이 눈 속에 덮인 것이 아니라 숲이 눈 속에 덮여 있었다. 그래도 우리는 즐겁다는 듯이 깔깔거리며 오름 짓을 계속했다. 이제 신발 속에 눈이 들어가는 것은 개의치도 않았다. 어렵게, 정말 어렵게 첫 봉우리에 올랐다. 10분이면 올 수 있는 곳을 한 시간은 걸렸다. 하지만 우리는 봉우리 위에 빛나는 태양을 보았다. 그리고 햇살에 반사된 찬란한 빛의 영롱함을 보았다. 멀리 말없이 하얀 눈을 덮어쓰고 있는 마산봉을 보았다. 하반신은 눈에 파묻힌 채 상반신만 날렵한 예각의 이등변 삼각형으로 하늘 향해 뻗어 있는 침엽수의 모습들이 천군만마인 양 산비탈마다 줄지어서 있었다. 신선봉은 둘째 봉에 가려져 보이지 않았다. 고개를 뒤로 돌려 우리가 밤을 보냈던 마장터 쪽을 보았다. 골짜기 속에 조용히 숨어 있었다.

눈은 우리에게 해방감을 준다. 그리고 자유를 준다. 눈으로 인해 피해를 받고, 고통을 받을 수도 있겠지만, 그보다 더한 세상의 추악함과 우리들의 번뇌를 덮어버리기도 한다. 사계절이 우리에게 축복이듯이 눈 역시 우리에게 분명 축복인 것이다. 생각해 보라. 눈 없는 겨울을.

우리는 북쪽 설악 지능에서 한없는 자유와 환희를 느끼고 다시 마장터로 내려왔다. 장비를 마장터에 그대로 두고 빈 몸으로 올랐던 대간령이었기에 허기와 갈증을 느꼈으나 바위에 붙어있는 고드름으로 목축임을 하면서 날아 갈 듯이 마장터로 돌아 왔다. 이제 떠나야 할 시간. 왔다면 언젠가는 떠나야 하는 법. 물이 고이면 썩듯이 머물러 있을 수는 없다. 머무는 순간들이야 있겠지만 그것은 머무는 것이 아니다. 무엇인가 엔트로피가 끊임없이 작용하는 순간들이기에 머물러 있는 것처럼 보여도 머물러 있는 것이 아닌 것이다. 눈이 눈의 형상을 하고 있지만 결코 고체가 아닌 것과 같다. 언젠가는 다시 액체로 될 것을 전제로 눈의 형상을 하고 있는 것이다. 자세히 보라. 눈(雪)은 머리에 항상 비(雨)를 이고 있지 않는가?

우리는 서둘러 마장터를 빠져 나왔다. 미시령 초입에 다다랐을 때 봄이 우리를 마중 나와 있었다. 개울 눈얼음 밑으로 눈 녹은 개울물 소리가 우렁차게 들리고 있었던 것이다. 그렇다. 우리는 1박 2일의 설국 야영을 하였지만, 겨울과 봄의 경계에서 쌓인 눈과 작별하며 내년의 눈을 기약하였던 것이다.

아가의 울음소리

예정일을 열흘이나 앞두고 딸이 출산을 했다. 빈혈이 심한 임산부를 항상 곁에서 지켜야 한다는 전화를 받고 급히 딸이 살고 있는 진해로 내려갔다. 그 다음날 새벽에 이슬이 비치고, 여덟 시간 진통을 하고도 순산하지 못해 제왕절개를 했다. 신생아실에서 초록 천에 싸여 세상에 막 나온 아가는 하얗고 조그마했다. 손가락 열 개, 발가락 열 개를 하나하나 매만지며 확인을 하는 나는 벅찬 감동으로 가슴이 파르르 떨려왔다. 아이는 먹고 자고 먹고 자면서 하루가 다르게 자랐다. 3.28K였던 몸무게는 한 달이 되면서 5k가 다 되었다. 배냇짓을 하며 웃어도, 앙앙 울어도, 기저귀를 갈려다 오줌세례를 받아도 마냥 행복한 것은 위대한 생명의 힘이요 핏줄이기 때문이다.

출산 후 처음으로 딸 내외가 볼일이 있다며 외출하고 돌아와서는 표정이 밝다. 내게도 산바라지 하느라 힘드니까 기분 전환할 겸 장보러 가자고 하기에 잠든 아이를 사위에게 맡기고 오랜만에 시장을 보

· 1960년 경남 거창 출생
· 2005년 〈월간문학21〉 등단
· 현재 경기도 광탄면 발랑리 거주
· 대한사이버문학 동인
· 시집 [말이 고픈 날](2013) 발간
· E-mail : dongsook1118@hanmail.net

러 나섰다. 마침 진해 5일 장이라 장 구경을 하며 딸이 임신 중에 맛나게 먹었다는 족발이랑 어묵이랑 이것저것 사면서 모처럼의 외출에 즐거워하고 있는데 사위가 울듯이 전화를 했다. 아이가 갑자기 울기 시작했는데 도무지 그치지 않는다는 다급한 목소리다. 놀라서 황급히 집으로 돌아왔으나 아이는 울다 지쳐 이미 목이 쉰 상태였다. 혹시 놀란 건 아닌가. 나쁜 병이 생긴 건 아니가 살펴봐도 증상은 모르겠고 애가 탔다. 아가는 아무리 달래도, 시원하게 목욕을 시켜도 그치지 않더니 4시간을 울고서야 겨우 잠이 들었다.

자다가도 흐느끼느라 아가는 깊은 잠을 못 잔다. 딸과 사위는 우는 이유를 몰라 쩔쩔맸고, 두 아이를 키운 경험이 있는 나도 어찌할 줄을 몰라 발을 동동 굴렀다. 아기가 태어난 한 달을 축하하자고 준비했던 샴페인도, 장바구니도 풀지 못한 채 지친 하루가 지났다. 이튿날 아이는 아무 일 없다는 듯 방긋방긋 웃고 젖도 잘 먹고 잠도 잘 자더니, 어제 울던 그 시간에 또 울기를 시작한다. 우리 아이들 키울 때는 이런 일이 없었는데, 산바라지를 잘못한 것인가 별의 별 생각이 다 들어 딸에게 보따리 싸서 '서울 소화아동병'으로 가자고 했다.

저녁 5시에서 7시만 되면 어김없이 울음을 시작하는 아가는 짧게는 30분 길게는 두 시간을 목이 쉴 정도로 자지러지게 울었다. 열도 없고 대변색도 정상인데 땀에 절어 우는 데는 어찌할 방법이 없었다. 주위에서는 백일이 지나면 괜찮을 거라 하지만, 앞으로 두 달을 매일 이렇게 아기를 울릴 수는 없지 않은가. 어떻게 해야 우리 아가의 울음을 그칠 수 있을까. 안타깝게 바라보는 할미는 걱정이 태산이다. 생각다 못해 '영아 상담' 인터넷 게시판에 글을 올렸더니 단번에 댓글이 올라왔다.

아기가 우는 것은 '영아 산통'때문이라 한다. 처음 들어보는 영아 산통은 아기들마다 있는 것은 아니나, 신생아의 장이 성장하면서 생기는 복통이라고 하였다. 장내 가스가 음식물 때문에 생기는 복통일 가능성이 크며 특별히 설사나 구토, 열이 나지 않고 평소에는 잘 지내면 크게 걱정하지 않아도 된다고 하여 마음이 놓였다. 언제 끝난다고 장담은 못해도 시간이 지나면 좋아진다니 성장 과정이라 생각하고 기다려봐야겠다. '영아 산통' 그런 것도 있나 의아했지만, 신생아전문의 말이니 우리는 그리 믿을 수밖에. 그나마 다행인 것이 병이 아니고 아이가 너무 빨리 자라 생기는 성장 통이라니 걱정이 덜 된다.

아이는 그 후로도 오후 시간만 되면 가끔 울었지만 명확한 이유를 알고서는 처음처럼 불안하지도 않았고 같이 울지도 않았다. 땀을 흘리며 우는 아이를 보고 얼마나 힘들까 안쓰럽고 내가 대신 고통을 겪었으면 하고 속으로 빌기까지 했는데 이제는 안심이 되었다. 한 달 반의 산바라지를 마치고 나도 지쳐서 집으로 돌아왔다. 백일이 언제 지날까 까마득했지만, 시간은 흘러갔고 아이가 울 때마다 전화하던 딸의 하소연도 뜸해졌다. 정말 백일이 지나고 나서야 언제 그랬냐는 듯 울음도 그치고 '영아 성장통'이란 생소한 단어도 지워져갔다.

손주를 보고 온지 얼마 되지 않았는데도 웃는 얼굴이 자꾸 생각난다. 진해에 갈 짐을 챙기며 이것이 내리사랑인가 하여 혼자 웃는다. 아이들은 아프고 나면 똘똘해진다더니 정말 이 할미를 알아보고 반기는 것만 같다. 이제 안아 올리기도 힘에 부치고 떼를 쓰고 울 만큼 부쩍 자랐다. 예전과 달리 간혹 우는 소리도 듣기 싫지가 않다. 사람 사는 집은 아이의 울음소리가 들려야 한다고 옛 어른들은 말씀 하셨다. 집안에서 들리는 아이의 울음소리는 꽃이 피어나는 소리다. 아이의 울음소리가 들리지 않는 집은 웃을 일이 없고 미래도 없기 때문이다. 나는 손자를 품에 가득 안고 기도를 드린다. '아가야, 사랑하는 내 손자 동하야, 잘 먹고 잘 자라 튼실하게 자라라. 어서 커서 이 세상의 기둥이 되어라, 환한 빛 되어라'

태극마을 발랑리

발랑리로 둥지를 옮긴 후, 벼가 패고 고개 숙이길 십 년이 되었다. 세월이 빠르다는 걸 알면서도 한편 야속하다는 생각이 들기도 한다. 경상도 촌 여자가 어찌어찌하다 경기도 어느 마을 발랑 댁으로 변해버렸다. 그래도 그렇지 마을 이름이 민망하게 '발랑리'가 뭐란 말인가. 작은 체구에 점잖은 척하며 위세를 부리고 싶은 마음은 없지만, 이사한 동네 이름이 웃음을 자아내는 '발랑리'에 산다는 것이 자꾸 마음에 걸린다.

어느 날 갑자기 의지하고 세상 끝까지 함께 가겠다던 남편의 건강에 이상이 생겼다, 나름대로 욕심 없이 모든 것을 감사하며 살던 내게 청천벽력이었다. 몇 날 며칠을 두고 생각하고 또 생각해서 내린 결론은, 남편의 건강을 위해서라면 지구 끝이라도 가보자 하여 자리를 잡은 곳이 발랑 마을이다. 그런데 동네 이름도 마음에 안 들고 교통은 또 얼마나 불편한지. 버스는 1시간에 한 대, 그것도 저녁에 시내에서 장 좀 보고 어물어물 하다보면 그나마도 차가 끊긴다. 산골의 밤은 일찍 찾아온다. 저녁은 무섭기도 하여 할 수 없이 택시를 탄다. '발랑이 뭐야' 독백하며 집을 돌아오는 길, 그러나 공기 좋고 물 맑은 발랑리로 이사 온 후 남편의 건강이 나날이 좋아지고 있어 처진 어깨에 힘이 솟는다.

발랑리란 지명의 유래를 자세히 알지 않고서는 이 동네에 사람이 될 수 없는 이방인이 될지도 모른다. 내가 살아가야 할 이 동네를 알아봐야겠다. 얼마 전에 우리 마을을 태극 마을로 조성하여 365일을 태극기가 하늘 높이 휘날리는 자랑스러운 마을로 만든다는 소식을 들은 터였다. 적어도 이 마을에 뿌리를 내리고 사는 한 이유를 알아야 하겠다는 생각을 갖고 있었는데, 뜻 밖에 감동을 안고 돌아왔다. 그냥 우리 말, 발랑이 마음에 걸렸었는데 그 발랑이라는 이름에 얽힌 슬픈, 그러나 긍지를 갖게 하는 이야기를 듣고는 부끄러워 숨고 싶었다.

우리 마을은 발랑리(發郞里)는 큰 뜻이 숨어 있었다. 나라의 독립을 위해 분연히 일어난 파주 지역 최초의 독립만세의 발원지라는 것이다. 남자 중에 남자들, 그 대단한 남정네들이 이룬 마을이라 해서 발랑리라는 멋진 이름으로 불리고 있는 것이다. 전설도 신화도 아닌 이 마을에서 실제 있었던 이야기다.

1919년 3월1일 독립선언 이후 파주에서도 독립 만세 운동이 이 곳 저 곳에서 산발적으로 시작되었다. 모두 마을 동구 밖을 벗어나지 못하고 있을 때, 발랑리 주민 수백 명이 3월 27일 광탄면 사무소에 집결하여 '조선독립만세'를 외치며 분연히 일어났고 이에 광탄면 사람들 1천여 명이 합세하여 파주 사상 최대의 군중으로 대규모 만세운동에 도화선 되었다. 그 중심에 이곳 발랑리 주민 모두가 나서서 파주의 독립만세운동을 명실상부하게 발상하고 앞장서서 주도했다. 그로 인해 봉일천 장터에서 왜경의 무차별 총격에 많은 주민들이 이 땅의 꽃으로 돌아갔다. 그중 한분인 정시화님이 3월 28일 순직한 것을 시작으로 조무쇠(26세-92년 대통령표창) 이인옥(28세-92년 대통령표창) 남동민(24세-92년 대통령표창) 정천화(31-2008년 애국장) 정갑식(26세-92년 대통령표창) 이기하(22세-92년 대통령표창) 정봉화(28세-1999년 건국포장) 강홍문(28세-95년 대통령표창)님이 만세운동의 주동자로 왜경에 잡혀 옥고를 치르다가 모진 고문으로 한 분이 옥사를 하게 된다. 그 외 다섯 분은 고문의 후유증으로 후사도 두지 못한 채, 왜의 핍박을 피해 고향 발랑리를 떠나 타향에 숨어살다가 생을 마쳤다.

지난해 광복절을 기해 이 아홉 분의 높은 애국 충정의 뜻을 표상으로 하여 발랑리를 태극마을로 조성하였다. 그리고 그분들의 숭고한 희생을 그리기 위해 이 마을의 지주 이○○님이 흔쾌히 대지를 기증하여 올해 광복절에 발랑리 경로당 옆 150평의 터에 '파주 독립운동 기념공원'을 조성하게 되었다. 이는 발랑리 모든 주민들이 자랑스럽게 기꺼이 동참하여, 이 땅에 살다 가신 선조들의 뜻을 기려 독립운동의 의미를 지닌 전국 최초로 태극기 마을로 지정되는 영광을 안게 되었다. 365일 집집마다 국기가 게양되어 지금은 발랑리 곳곳에 태극기가 펄럭이는 태극마을로 새로 태어났다.

광탄면 사무소에 기념비가 있어 지나다 비문을 읽었지만 발랑리 주민들의 주도하에 만세운동이 일어난 것을 미처 몰랐다. 발랑리 마을 이름이 이렇게 깊고 높은 뜻을 가지고 있었을 줄이야, 우리 마을 발랑리에 아홉 분의 애국지사가 계셨고, 목숨 걸고 조선독립만세를 외쳤기에 모든 이들의 잠자는 의식을 일깨웠다. 잃어버린 나라를 우리의 힘으로 되찾겠다는 숭고한 정신은 대한민국에 살아가는 우리가 우선하여 귀감으로 삼아야하는 '나라사랑'의 참의미라고 생각한다. 먼 길 돌아 고향으로 돌아온 그분들의 혼(魂)이, 자손들이 사는 땅 발랑리에서 이제는 편히 쉬리라. 오늘도 만세소리 드높던 그날처럼 태극기가 바람에 펄럭인다. 십여 년 발랑리에 뿌리내린 발랑댁도 이름값 톡톡히 하고파 또 하나의 태극기로 펄럭인다.

내 인생 내 지게에 지고

경비실에 소금이 배달 왔다는 통보가 왔다. 슬리퍼를 끌고 갔다. 20킬로그램짜리 소금이 두 포대다. 크기가 베개 덩어리만 하여 거들어주겠다는 경비의 친절을 물리치고 옆구리에 하나씩 끼었다. 겨드랑이 밑에 넣으니 그냥 갈만 하여 별것 아니라고 웃음을 지었지만, 경비는 걱정스럽게 고개를 갸웃한다. 합해야 40킬로인데 이 까짓것 내게 있어서는 속된말로 호루빵빵이다. 소싯적엔 이보다 더 무거운 것들을 겨드랑이에 끼고 살았다. 하지만 이런 생각은 채 1분도 지나지 않아 후회로 바뀌었다. 소금은 품기엔 딱 이지만 40킬로라는 무게는 내 허리를 휘청케 하였다. 몇 걸음 안 띠었는데 이마에 땀이 배며 손끝이 떨어져 나가라 아파졌다. 포대는 자꾸 미끄러지려 하고 다리도 따라 떨려왔다. 미세한 움직임이어서 경비는 눈치 못 채었겠지만, 곁눈질을 해대니 경비실 앞에서 안쓰러운 표정으로 나를 바라보고 있다.

나보다 한 네댓 살쯤 많은 경비에게 나는 쓸 만한 작가였다. 중학

- 1954년 경남 산청 출생
- 문학사랑 신인작품상 수상 · 제34회 근로자문학제 은상 수상
- 제23회 문학사랑 인터넷문학상 수상
- 2009년 경남신문 신춘문예 동화 당선
- 한국문인협회,문학사랑문인협회,경남아동문학회 회원
- 글동네2002,대한사이버문학 동인 · 현 경남 진주시 하대동 거주
- 010-4800-1623 · e-mail : cis1623@hanmail.net

다니는 손녀가 글쓰기를 좋아한다 해서 내 글이 실린 책을 여러 권 주었더니 멀리서 보아도 정 작가님, 하고 인사를 해오던 처지였다. 체면이 있지. 그런 경비의 눈앞에서 힘들어 쉬어간다며 포대를 내려놓기라도 한다면? 큰일이었다. 경비의 생각보다 내 생각이 더 중요하기 때문이다. 고개를 빳빳이 세우고 포대를 추슬렀다. 이깟 40킬로의 무게, 내겐 정말로 아무것도 아니었다. 무게에 대한 추억이 내게는 남보다 참 많다.

우리 땅 하나 없는 농촌에 살며 나는 책가방 대신 지게를 지고 무거운 것들을 많이도 져 날랐다. 10세로 기억되는 때부터 나는 지게를 졌다. 새마을 사업이 시작되며 정부보조의 시멘트가 우르르 쏟아질 당시엔 한집에 한 명은 인력동원에 참여하여야 하였기에 그 짐을 우리 집 대표로 내가 지었다. 군사정권에 밉보인 아버지의 옥바라지에 어머니가 가정을 돌아보기엔 한 치의 틈도 없었다. 이런 어머니를 대신하여 어리지만, 생각은 어른처럼 다부졌던 나는, 남보다 더 큰 키를 무기로 공사장에서 시멘트를 만졌다. 꼬부랑 논두렁을 오가며 등짐을 져 나르는 품을 팔았고 학구띠기라 명명되던 저수지 뚝 쌓는 공사장에서 흙짐을 지기도 하였다. 어른 몫의 반도 못 받았지만, 집안의 그때 상황은 최악이어서 내가 식구들을 위해 할 수 있는 최상의 조건은 오직 지게질뿐이었다. 어느 명사의 말처럼 배고픔이 우선인 자에게 인권이니 권리이니 하는 것들은 모두 사치였었다. 그렇게 뼈를 굳히며 나이가 더 들자 청년들이 일하던 진짜 공사장으로 나는 눈을 돌렸다. 여러 차례 서울을 들락거리며 온갖 일을 다 해 보았는데 쥐꼬리만 한 보수도 문제지만 앞길은 너무 어두워 차라리 막노동판이 내겐 어울린다는 생각을 해오던 참이었다. 마침 근처에 커다란 해군 막사가

지어지고 있어서 한참 형뻘인 청년들의 틈에 끼여 돈벌이를 할 수 있었다. 시멘트를 어깨에 울러 메고 건물 옥상을 올라다니고 트럭을 타고 강으로 가서 모래와 자갈을 싣고. 그때나 지금이나 시멘트 한 포대의 무게는 40킬로그램이었다. 두 포대쯤은 겨드랑이에 끼고 다람쥐처럼 1,2층을 잽싸게 올라 다녔다. 양이 많아지면 지게에 지는데 3포면 120킬로이지만 날듯이 나는 다녔다. 이런 20킬로 소금 포대에 어찌 비할까? 배운 것도 가진 것도 아무것도 없는 나에게 돈을 벌 수 있는 유일한 무기는 오직 힘이었다. 그 힘을 바탕으로 성인이 되고 군대를 다녀와서도 나는 공사장에서 일하였다. 두어 군데 공장엘 가보았지만, 보수가 너무 적었고 앞날에 대한 아무런 보장도 없어서 때려치우고 힘을 원천으로 버티는 채석장을 찾아갔다. 거기서 나는 등짐을 졌다. 돌을 캐내어 묘지에 쓰일 좌판과 비석을 석수장이의 손끝에서 형태로 이루어져 차에 싣는 일이었다. 제무시라 불리는 트럭에 아시바(발판)가 걸쳐진다. 두 사람의 장정에 의해 들리어진 비석이 내 등에 붙는다. 부축으로 일어서면 양 다리는 서 있어도 후들거린다. 발을 옮길 때마다 땅이 꺼질듯하여 신경은 매우 날카로워진다. 발판은 단단하지만 한 계단씩 올라설 때마다 고무다리처럼 출렁거리고 내 다리도 따라서 흔들거린다. 좌판은 무게가 대략 150에서 200킬로 정도 나간다. 주문에 의한 생산이라 더 큰 것은 400킬로도 나가서 혼자선 감당 안 되어 목도로 운반을 한다. 지금처럼 기계가 없던 시절에는 나처럼 힘쓰는 젊은이가 이래서 채석장엔 필요하였다. 가끔 쉴 틈도 있고 고기와 술과 풍부한 먹을거리가 제공되었다. 게다가 보수도 두둑하여 남아도는 힘을 주체 못 할 나이께의 나는 언제나 마음 한 귀퉁이를 차지하고 있던 사회에 대한 울분을 해소하기엔 안성맞춤이었다. 하지만

이 일은 아주 위태로워서 아무나 할 수 있는 일은 아니었다. 발판을 타고 오르다 발목이라도 접히어 삐끗거리면 무거운 돌이 구르게 되고 상상치 못하는 큰 사고로 이어지게 된다. 적재함에 다 올라와서도 부리는 일도 만만치 않았다. 이미 던져진 돌 위에 짐을 부려야 하는데 200킬로의 무게가 생각지 않은 방향으로 튀게 된다면 정강이 날아가는 건 문제도 아니었다. 실지 그런 사고는 흔하게 일어났고 나 또한 예외는 아니어서 작고 큰 다침이 여러 번 있었다. 자신의 특기를 찾아 전공을 공부하고 적성에 맞는 직장을 택하는 그런 것들은 꿈조차 꿀 수 없는 그때에 힘을 무기로 삼는 막노동판은 나뿐이 아니라 많은 젊은이의 유일한 직장이었다. 결혼하고도 나는 건설현장에서 막노동과 관련된 일을 계속하였다. 무거운 짐을 져 나르며 삽질을 하고 건강한 몸을 토대로 아이들을 키우며 가정을 꾸려왔다. 피부가 거칠어지고 새카맣게 얼굴은 타고 야위어 홀쭉해진 몸이었어도 밤의 잠은 꿀맛이었고 머릿속은 개운해서 걱정 꺼리가 있을 수 없어서 마음은 행복하였다.

경제 환란시기를 넘기며 내 직장은 바뀌었고 그렇게 해서 등짐을 지지 않은지가 햇수를 따지니 한 15년 된 것 같다. 그렇다고 있던 끼가 어디로 갈까? 200킬로를 짊어지던 예전만큼이야 못하겠지만 40킬로쯤이야? 하지만 생각이 잘못되었음은 몇 발짝 안 가서 현실로 나타났다. 고지가 바로 저긴데 다리는 연신 후들거리고 포대를 움켜쥔 손가락은 떨어져 나갈듯 아파져 오고 허리는 자꾸 숙어지고 땀은 이마를 흥건히 적셨다.

아파트 마당에는 포대를 내려놓고 쉴만한 자리도 없다. 등 뒤로의 따가운 경비의 눈총도 의식하지 않을 수 더더구나 없다. 거의 평생을 막노동으로 살아온 나인데 겨우 40킬로에 허리가 꺾인다면 말도 안 된다. 썩어도 준치라고 내가 누구인가? 허리를 더 꼿꼿이 펴고 이를 악물고 아파트 승강기 앞에까지 왔다. 아무도 보는 사람이 없기에 얼른 내려놓으며 소금 포대를 움켜쥐고 심호흡을 하였다. 승강기에 들어서며 거울에 비친 내 얼굴을 보았다. 그 옛날, 젊고 또 젊어서 20킬로 소금 포대 열 개에 해당하는 무게를 짊어지고 나무계단을 오르던 싱싱하고 푸르던 그 모습은 간데없고, 피곤함에 찌든 중늙은이가 있어서 물끄러미 나를 쳐다보고 있다. 저 사람 도대체 누구야?

열댓 살쯤 때에 읽었던 글이 떠올라왔다. 서울의 청계천에서 어른들 담뱃값도 안 되는 일당을 받으며 일을 할 적이었다. 역전 지게꾼의 수기인데 제목이 내 인생 내 지게에 지고였다. 내 낡은 지게 위에는 내 지나온 삶이 고스란히 실려 있다. 이 말이 잊히지 않는 것은 내 삶이 그 삶과 별반 다르지 않기 때문이다.

나는, 지게는 보이지 않지만 지금도 내 등에 업혀 있다고 생각한다. 지나온 내 삶은 거기에 올라앉아 몇 만 근의 무게로 나를 압박하고 있다. 내가 편안한 영면이란 잠에 빠질 때까지 이 짐은 나를 벗어나지 않을 것이다. 거기엔 오늘 정리하며 태워버린 일기장에 깨알같이 쓴, 억울함으로 울분을 짓던 어린 날의 눈물이 뒤엉켜있고, 불안의 그늘에서 한줌 햇살을 그리워하던 아스라한 꿈도 담겨져 있다. 삶이 끝나는 날까지 나는 이 짐 속에서 꺼리를 찾아내어 지금보다 더 나은 글을 쓰고 또 쓸 것이다. 삶은 그렇게 한 갑자를 돌아왔다.

그림 속으로 들다

"나는 이제부터 그림 속으로 들어간다."

도산구곡으로 들며, 퇴계 이황

나는, 그림을 그릴 줄은 몰라도 보는 것은 좋아하여 전시회장을 시간만 나면 자주 찾습니다. 한편의 그림 속에 들어 있는 작가의 마음을 찾아내는 재미가 하도 쏠쏠하여서입니다. 오늘도 그리하여서 부산의 큰집에 다녀오는 길에 광복동 어느 화랑에 아는 분의 그림 전시회가 있어서 둘러보았습니다. 글을 쓰는 작가의 마음을 헤아리려면 작품인 책을 다 읽어야 합니다. 그러나 그림은 한눈에 들어오기에 책을 읽는다는 딱딱함 보다는 훨씬 생각을 이끌어 내기가 쉬워서 가볍게 전시회장을 찾곤 합니다. 평생을 잡문에는 손대지 않고 올곧게 소설만을 고집하신 소나기의 작가 황순원은 제자들이 작품의 해석을 요구하면 언제나 다음과 같은 말로 답을 대신하였습니다.

"작가는 작품만 쓸 뿐, 작품의 해석은 독자의 몫이다."

요즘 화가들은 그림을 그린다는 뜻의 화가 보다는 그림을 만든다는 뜻의 그림 작가로 불리길 더 원하고 있습니다. 화가나 작가나 새로운 것을 만든다는 예술인임에는 틀림이 없습니다. 네덜란드 화가인 렘브란트가 돌아온 탕자에서 오른손을 왜 여자 손으로 그렸는지에 대한 해답을 주지 않고 떠나갔기에, 거기에 대한 정답을 놓고 많은 독자는 의견을 달리합니다. 탕자를 반기는 아버지의 여성적 마음이라고도 하고, 신은 남성도 여성도 아닌 중성임을 알리기 위함이라고도 하고. 여러 가지 의견이 분분하지만, 렘브란트는 작품에 대한 해석을 남기지 않아 타임머신을 타고 350년 전으로 돌아가 그를 만나지 않는 한 진위를 알 수는 없습니다.

소설 다빈치 코드는 최후의 만찬 그림에서부터 시작되고 있습니다. 다빈치의 걸작인 이 최후의 만찬에서 예수 오른쪽에 앉은 사람은 여인이며 이는 막달라 마리아로서 예수의 아내라는 작가의 생각에서부터 소설은 출발하고 있습니다. 뚫어지라고 최후의 만찬을 보고 있으면 그 말이 사실인 것 같아 가슴이 철렁 내려앉는 느낌을 받습니다. 평생을 독신으로 지낸 500년 전의 다빈치가 예수의 부부애를 그림 속에 상징으로 남겨두었다는 확실하지 않은 무서운 이야기에 많은 독자는 열광하고 있습니다. 다빈치 또한 해석은 없이 작품만 남겨두었기 때문입니다.

총성으로 문이 닫히기 보름 전의 금강산에 나는 갔었습니다. 금강산 온천장 2층의 그림전시장에서 북한 화가들의 그림을 감상하는 행운을 가졌습니다. 흔하지 않은 그림들이라 기쁜 마음에 전시장에 들어섰지만, 수확은 기대 밖이었습니다.

나는 그림에 대한 전문 지식은커녕 기초지식도 없습니다. 그저 그림을 보기 좋아하여 전시장을 쫓아다니며 나름대로 그림을 보는 기준을 만들어 놓고 있는데. 이런 내가 보기에도 북한 그림들은 작가의 주관적 정신이 없는 객관적 사실만 그대로 화폭에 담아 놓은 듯 보였습니다. 아마도 북녘에는 생각이나 모든 바람이 민족의 태양이라는 신격화된 한사람에게만 쏠려 있어서 개인감정이란 나타낼 수 없는 비극적 모럴이 숨어 있어서가 아닌가 심려됩니다.

그림의 품질을 알 수 없는 일반 독자들은 값에 의존하여 등급 매기기를 좋아합니다. 고속도로 휴게소 등, 요즘은 그림 판매장이 사람 모이는 곳이면 어디든 있어서 거기에 매겨진 그림의 값을 보고 유사한 그림을 전시회에서 보며 작가의 실력을 도마질하기도 합니다.

그러나 우리가 분명 알아야 할 사실이 있습니다. 판매를 목적으로 그린 그림들에는 작가의 혼이 들어있지 않다는 사실 말입니다. 이는 흔히들 이발소 그림이라고 말하는 것들과 하등의 차이가 없습니다. 그래서 혼이 실린 작가들의 그림에는 정해진 일정한 가격. 즉 정찰가란 있을 수 없다는 이야기입니다. 그림을 사려면 미술 시장이 아닌 전시회장을 찾으라는 이유가 여기에 있지 싶습니다. 그래도 전문가가 아닌 다음에야 우리는 미술품 경매에서 이뤄지는 높다란 그림의 가격에서 작가의 위상을 우러를 수밖엔 별도리가 없습니다. 난해한 피카소 그림을 보고 값을 매기라 하면 소주 한 병 값만도 치르지 않을 위인들이 세상엔 수두룩합니다.

다빈치의 모나리자는 경매시장의 으뜸으로 늘 상상으로 판매됩니다. 물론 팔지도 또 경매장에 나오지도 않을 것이지만 수집가들의 상상 때문에 천문학적 가치의 값으로 모나리자는 매겨집니다. 나 개인적으로도 제일 원작을 보고 싶은 그림이 모나리자입니다.

요즘은 그림에 대한 기초지식은커녕, 그리기 지도 한번 받지 않은 상태에서 제멋대로의 화풍으로 그림을 그리는 일명 소박파 작가들이 많은 두각을 나타내고 있습니다. 그들은 틀에 박힌 그림의 구조를 벗어나 예상을 뒤엎는 기법으로 그림을 그려나갑니다. 그리기의 기초적인 구성이나 원근법 등, 이런 것들을 깡그리 무시한 채 색채만 요란하게 덧칠하며 작업을 하는데, 그림에 대해 아는 것이 없으니 그림의 기본 틀은 당연히 무시되기 일쑤입니다. 그런 그림들은 새로운 감각에 목말라 하는 독자들에게 생동감을 주기에 충분한 요소를 지녔음은 분명합니다.

금강산에서 내가 본 북한 화가들의 작품 중에 리경남이란 인민 화가의 겨울 봇나무 숲이란 그림이 유독 눈에 띄었습니다. 12그루의 자작나무를 앞 열에 배치하여 어두운 겨울을 밝게 보이려 애쓴 흔적이 역력하여 작가의 숨은 위상을 탐지할 수 있는 좋은 작품이었는데 애석하게도 사진을 찍어오지 못하여 내겐 큰 유감이었습니다. 그러나 높은 평가를 내린 내 생각과는 달리 리경남의 그림의 가격은 800불로 적혀 있었습니다. 1900불짜리 그림도 여럿 있어서 돈으로의 평가에는 한창 밑이지만. 여유가 없어서 겨울 봇나무 숲을 사오지 못한 것이 지금도 후회로 남습니다.

그림뿐 아니라 문학에서도 북한 문인들의 정신세계를 찾기란 그리 쉬운 일이 아니었습니다. 물론 소견이 좁아서도 이지만 아찔한 연유로 얻은 조선작가동맹(우리의 한국문인협회)부위원장인 리호근 시인의 시집을 얻어 내리읽어 보았지만 그림과 다른 점 없이 신격화된 한 사람에 대한 모든 집착이 되어 있어서 나로서는 작품의 가치를 알아볼 수가 없었습니다.

내가 문인이면서 그림을 가까이 하려 하는 이유, 물론 합당한 사실이 있습니다. 유년의 기억이 그대로 도사려있는, 아버지는 그때에 사회운동가로 활동하셨는데 취미로 먹물을 찍어 그림을 그리셨습니다. 어릴 적 살던 광산촌의 샛강은 선광장에서 흘러나온 폐수로 시커먼 흙탕물이 쉴 새 없이 흐르고 있었습니다. 시큼한 악취가 섞인 샛강은 물고기 한 마리 살 수 없는 죽은 강이었고. 아버지는 그 강물을 마시고 살아야 하는 백성의 억눌린 감정들을 그림 속에 검은 풀들과 나무, 검은 소로 묘사한 카툰을 발표하셨다가 군사정권에 의해 호된 고초를 겪으셨습니다. 그림을 통하여 민중의 울분을 전달하려는 아버지의 생각을 그대로 읽은 당국에 의한 무자비한 탄압이 그때부터 시작되어, 내 어린 시절의 추억들은 아버지의 그림처럼 온통 검은 먹물 속에서 웅크린 채 지금도 헤어나지 못하고 있습니다.

작금의 독자들은 생각하기를 싫어합니다. 아니 모든 매스컴이 생각을 아예 담지 못하게 만듭니다. 출연자들의 생각을 시청자 자신이 스스로 알기 전에 미리 자막으로 담아내어 국민 모두를 바보로 만들어 버립니다.

진취적인 생각은 치매 예방에도 큰 도움이 됩니다. 그림을 보며 그림 속에 저며 있는 작가의 의도를 알아내는 일들은 우리의 쇠퇴해진 뇌의 구조에 변화를 일으키는 좋은 일들입니다. 그럼으로써 엔도르핀 500배의 효과가 있는 물질 호르몬인 다이놀핀 생성에 직접적 영향을 주어 우리를 더욱 젊게 만들 것입니다.

그림과 문학을 통틀어 예술이라 합니다. 예술은 모든 분야에 마찰을 일으키지 않도록 삶에 특별한 윤활유로 작용하고 있습니다. 남들이 그걸 보고 뭔가를 느끼는 것이 필수인데, 극히 일부만 가능하다면 그건 감상자의 무식함이 원인이 아니라 작가의 작품이 예술품이라 말할 수 없기 때문이라고 러시아의 문호 톨스토이는 말했습니다.

예술. 즉 그림이나 문학은 사람의 정서적인 감동에 영향을 끼치는 행위입니다. 감동을 이끌어내지 못하는 작품은 그래서 예술이라 칭할 수 없습니다. 그럼 우린 어디에서 감동을 찾을 수 있을까요? 생각을 많이 하여야 합니다. 그림에서의 미세하게 보이는 티끌 하나라도 찾아서 작가의 진위를 파악하려는 나름대로 노력이 없으면 감동은 쉬이 우리에게 다가오지 않습니다. 위에서도 언급했지만 웃으면 생성되는 엔도르핀과는 달리 그 500배의 효력이 있는 다이놀핀은 감동에서만 생성이 됩니다. 감동은 눈물과도 연계가 됩니다. 그래서 우리는 많이 울어야 합니다. 눈물이 많은 사람이 좋은 작품을 만들 수 있습니다.

멈추지 않는 시계처럼

언제부턴가 욕실에 걸린 시계에 관심이 시작되었다. 10여 년 전 화장품가게에서 사은품으로 준 욕실걸이 시계가 습한 곳에서도 고장 한 번 난적 없고 건전지를 갈아 끼운 기억도 없는데 한 번도 멈추지 않고 시간도 잘 맞는다. 때론 사는 게 지쳐서 아무 생각하지 않고 푹 쉬고 싶다는 생각을 자주 하게 되는데 저 시계처럼 쉬지 않고 끈질기게 달려야 하는 게 인생인가 싶어 눈앞이 캄캄해지기도 한다.

너무 빨리 변하고 너무 빨리 포기하는 세상에 살고 있다. 묵묵히 자기 할 일에 최선을 다하고 다른 사람의 눈과 잣대에 얽매이지 않는 사람들이 얼마나 될까. 남의 눈치만 보며 살다가 내 가치관을 다 잃어버리고 빈껍데기만 남았다고 생각하며 후회한들 시간은 되돌아오지 않는다. 그래서 현재는 힘들지만 가장 아름다운 순간이다. 마라톤 선수처럼 인생의 완주를 위해 어떤 고통이 와도 인내하며 달려야 한다는 책임감에 숨이 턱까지 차오른다. 산다는 건 시간과 싸움이라고 했던

· 1959년 경북 봉화 출생
· 2008년 〈문학사랑〉 수필부문 신인작품상
· 2009년 〈휴먼메신저〉 봄호 시부문 신인상 수상
· 대한사이버문학사 동인
· e-mail : kr6815@hanmail.net

가. 출근시간 1분1초에 마음 졸여보지 않았던 사람이 있을까. 지각이라도 하는 날이면 5분만 일찍 일어나면 된다고 여기저기서 핀잔을 듣기 일쑤다. 그 5분이 50분보다 더 크게 느껴지는 아침잠의 유혹에 빠져보지 않은 사람은 거의 없을 것이다. 시험 보는 날 단 몇 초에 인생이 바뀐 사람도 많다. 시간에 울고 시간에 웃고… 시간에 대한 긴장감은 끝이 없고 시작만 있다.

내가 어릴 적에는 부잣집 아이들이나 손목시계를 차고 다녔고 시계가 없는 사람은 해 그림자나 해 기울임을 살펴 시간을 짐작하고 처마 끝 그림자를 보고 시간을 알아맞히곤 했는데 신기하게도 잘 맞아떨어졌다. 서울에 오래 살았지만 고개를 들어 하늘에 떠 있는 해를 살펴 본지도 오래다. 방안에 앉아서 창문에 비치는 햇살 밝기에 따라 해가 뜨는구나! 해가 지는구나! 짐작할 뿐이다.

시간의 소중함이 점점 크게 다가온다. 해마다 다른 게 아니라 날마다 다른 정신적 변화와 육체적 변화에 적응하기도 힘이 든다. 맘 편히 쉬고 싶다가도 째깍째깍 소리를 듣고 있으면 시계를 따라 나도 같이 움직여야 한다는 압박감이 밀려오기도 하고 때로는 그 압박감이 주저앉고 싶은 나를 일으켜 세우기도 한다.

시간의 지배에서 벗어날 수 없는 게 인간이다. 이제 올 한해의 달력도 한 장 밖에 남지 않았다. 손때 묻은 달력으로 자꾸 눈길이 가고 촘촘히 박힌 숫자를 붙잡고 싶은 마음으로 가득하다. 나를 끌고 가는 동그라미 속에 갇힌 숫자, 테두리 안에 갇힌 사계절도 허공에 길을 놓겠지…

내 모습도 점점 겨울나무를 닮아간다. 조금만 추워도 겁이 덜컹 나고 바들바들 떨리고 손발이 차가워지고 햇살을 다 털어먹어도 가슴이 시리다. 겨울에 피는 장미처럼 시린 가슴으로도 꽃은 계속 피워야 한다. 멈추지 않는 시계처럼 0에서 1까지 그 멀고도 짧은 길을 나의 꿈과 희망을 찾아 돌고 또 돌 것이다.

도라지꽃

내가 가끔 찾아뵙는 선생님 댁에 들어서면 벽에 걸린 도라지 꽃 그림이 먼저 나를 반긴다. 나팔꽃처럼 다섯 갈래로 갈라져 벌어지는 꽃잎은 청초한 여인의 모습을 연상케 한다. 해살이 내리쬐는 산비탈 끄트머리에 순백과 보랏빛의 도라지꽃 향연을 본지가 언제였는지 기억조차 희미하다. 도라지 밭 근처에 뽕나무를 심었는데 뽕잎을 따러 갈때면 고단한 소녀에게 보랏빛 향기를 건네주던 꽃, 도라지꽃을 꺾어서 머리에 꽂으면 어느새 봄 처녀가 된 느낌이 들곤 했다. 꽃망울을 톡톡 터뜨리는 재미에 피지도 않은 꽃봉오리를 못살게 굴던 철부지였는데 벌써 불혹의 나이가 되어서 추억속의 시간여행을 한다.

엄마 손에는 늘 호미가 들려 있었다. 여유 있는 땅만 보면 씨앗을 심었고 가시나무 뿌리를 캐내고 그곳에다 콩도 심고 들깨도 심으셨다. 산토끼나 노루가 잎을 다 뜯어먹고 헛농사를 짓는 해도 허다했지만 작으면 작은 대로 많으면 많은 대로 거둬들였고 엄마의 손길 닿는 곳마다 호박이며 오이, 박, 줄기가 넉넉하고 풍요로웠다. 풍요롭던 들판에 엄마 대신 고향을 지키고 있을 도라지 꽃,아직도 그곳에 도라지꽃이 필까…

아랫집 할머니는 항상 마루 끝에 앉아서 도라지 껍질을 까곤 하셨는데 같이 앉아서 말동무도 해드리고 도라지 껍질을 까드리고 나면 그날은 할머니 집 마당에 있는 펌프 물 다섯 동이가 공짜였다

"야야 힘든데 오늘은 여기서 펌프 물 퍼가라."

아랫집 할머니는 고마운 마음에 물 인심을 쓰셨다.

펌프 물도 넉넉하지 않아서 내가 많이 퍼 가면 부족하기 때문에 샘물을 길어 먹을 수밖에 없었다. 매일 샘물 다섯 동이를 가마솥에 채우는 것이 나의 임무였다. 내 몸무게보다 더 무겁던 물동이를 머리 위로 올리려고 하면 또아리는 자꾸 땅바닥으로 떨어지고 물동이를 몇 번이고 내렸다 올렸다 해야 겨우 중심을 잡고 편안하게 걸을 수 있었다. 키가 작다고 놀림을 받으면 물동이를 많이 올려서 못 컸다고 넋두리 같은 핑계를 대곤 한다.

내 머리 위에 또아리를 틀고 있는 샘터의 추억을 회상해본다. 찰랑찰랑한 넘치는 물동이 힘겹게 머리에 이고 온 몸이 흠뻑 젖어도 마냥 즐겁고 신났던 소꼽친구야! 우물가에 모여앉아 재잘대던 어여쁜 네 모습 샘물처럼 솟아오른다. 산천은 그대로인데 그리운 모습들은 보이지 않네. 무심한 시간은 덧없이 흘러가도 내 고향 소꼽친구들은 언제나 그리워라. 오늘 밤엔 보고픔 베개 삼아 꿈속에서 만나볼까. 샘터를 떠 올리면 그 친구들이 생각나고 그 친구들을 떠 올리면 샘터가 생각난다. 보고 싶으면 금방 달려갈 수 없는 거리에 흩어져 사니 늘 안타깝다.

도라지 도라지 백도라지
심심산천에 백도라지…

도라지 타령을 흥얼거리다 보면 유년시절의 그리움과 가난의 슬픔이 한꺼번에 밀려든다. 고향 산골짜기 어디쯤에 홀로 외로워 조각달 보고 웃고 있을 도라지꽃이 불현듯 보고 싶어진다.

장미꽃보다 더 아름답던 도라지꽃! 그 어여쁜 모습을 어찌 잊으랴 !

50원 짜리 인생

변두리로 이사하며 다니던 직장이 멀어졌습니다. 차가 조금만 밀려도 한 시간이 훌쩍 지나갑니다. 처음엔 조급증이 생겨 안절부절 못하며 부산하게 애를 태웠는데 한 1년 지나자 예사로 모든 것이 정상을 찾았습니다. 그러며 많은 시간만큼이나 보고 듣는 것도 많아졌습니다.

내 출근시간은 9시입니다. 주부들만 모여 있는 직장이라 급여는 작아도 시간은 좋습니다. 출근 길 이 시간이면 어김없이 보이는 한 할아버지가 있습니다. 팔십쯤 되어 보이는 할아버지의 표정은 언제나 밝습니다. 지팡이를 모으고 다리를 가지런히 하고 의자에 앉아있는 할아버지의 모습은 신선처럼 의젓했습니다. 어디서 와서 어디로 가는지 알 수는 없지만 가끔은 나와 같은 버스도 탑니다. 9시라지만 그래도 버스 안은 복잡한데 시간 맞추어 나오는걸 보면 어디 직장에라도 다니는 것 같고. 아니면 운동이라도? 하는 생각도 해 보았으나 그건 아

· 1958년 경남 합천에서 출생
· 현재 대구 달성 거주
· 〈문학사랑〉 2012년 여름호 수필부문 신인상 당선
· 대한사이버문학사 동인
· e-mail : tjswn112@hanmail.net

님이 분명했습니다. 꾸민 모양새가 운동차림이 아니기 때문입니다. 그날도 버스는 만원이었습니다. 문이 막 닫히려는 참에 타서인지 내 몸은 허공에 붕 떠있는 기분이었습니다. 기사아저씨가 늘 하던 식으로 차를 울컥거리자 남의 발등에 얹혀있던 내 발이 제자리를 찾아 돌아왔습니다. 그런데 이런? 내가 밟고 있던 남의 발이 글쎄 그 할아버지 발인겁니다. 모자를 쓰고 젊은 코트를 입은, 등만 보여서 할아버지인줄 나는 몰랐습니다. 아직 요금을 치르지 않았는지 차가 흔들리는 대로 몸을 맡기다가 현금으로 통에 넣었습니다. 비좁은 통로를 헤치고 나가자 누군가가 일어나며 할아버지께 자리를 양보하였습니다. 그래도 우리 대구엔 예의바른 사람이 더 많구나, 뒤에서 보는 내 마음도 뿌듯했습니다. 그런데 버스가 다음 정류장에 서자 기사아저씨가 고개를 돌리더니 할아버지를 부르는 겁니다.

"할아버지 50원 더 넣으세요."

아마도 할아버지가 잔돈을 넣으며 50원이 모자랐나 봅니다. 승하차 문 닫기도 바쁜 기사아저씨가 언제 그걸 보았을까요? 기사아저씨는 제법 큰소리로 말하여 버스안의 사람들은 다 들었는데 할아버지는 귀가 어두운지 그냥 창밖만 바라보고 있었습니다. 내가 보기엔 부러 딴 짓 하지 싶었습니다. 미세한 얼굴의 표정에서 묘하게 일그러지는 부분을 나는 보았습니다. 버스는 정차 한 상태이고 기사아저씨는 다시 할아버지를 불렀습니다.

"할아버지. 50원 더 넣으라니깐요?"

할아버지는 계속 들은 척도 안하였습니다. 보다 못한 뒷자리의 아주머니가 할아버지의 어깨를 두드렸습니다.

"할아버지 버스비 50원 더 내라네요?"

그때에야 고개를 돌린 할아버지는 내가 보기엔 부러 피우는 딴청이었습니다.

"뭐라고? 안 들려."

그 정도에서 그만 가도 좋으련만, 무슨 할아버지와 원수지간이라도 되는지 기사아저씨는 뒤를 돌아보며 더 큰소리를 냅다 질렀습니다.

"또 그럴거에요? 할아버지. 차비 더 내라니깐요?"

그래도 할아버지는 멍하니 기사아저씨 얼굴만 바라볼 뿐 아무 말도 하지 않았습니다.

"버스비 50원 덜 내셨다고요. 할아버지. 기사님이 50원 더 내시래요."

"어, 버스비가 뭐 어째?"

기사아저씨와 할아버지 사이에 젊은 아주머니가 끼였습니다. 버스는 가지 않지만 주고받는 말씨가 예사롭지 않아 다음 결말이 어찌 날까 무척이나 흥미를 돋게 하는 별난 출근길의 풍경입니다.

"버스비요. 50원 더 내야한데요 할아버지."

젊은 엄마도 참 그렇지, 자신이 내주던지 그깐 50원 가지고 기사편이 되어 저리 소리를 바락바락 지를까? 쓴웃음을 짓다가 나도 깜짝 놀라서 누군가가 나를 보고 있지 않을까 주위를 훑어보았습니다. 나 역시도 저 젊은 엄마의 방조자가 되어 있었기 때문입니다. 내 지갑엔 동전이 많아서 할아버지의 모자란 차비를 대신 넣어도 되련만 오히려 상황을 즐기고만 있으니, 원래의 나는 어디론가 도망을 갔나 봅니다. 할아버지는 그때에야 기사아저씨의 말뜻을 알겠다는 듯 머리를 주억거렸습니다.

"만 원짜리밖엔 없어."

할아버지는 천천히 포켓 안쪽에 손을 넣어 지갑을 꺼냈습니다. 곁에 서있는 내가 잘 볼 수 있도록 지갑을 여는데 만 원짜리가 제법 두툼하게 보였습니다. 보통의 어른들은 2, 3만 원 정도만 현금으로 가지고 다니고 카드를 사용하는데 저 할아버지는 현금만 아는 고집쟁이인가 봅니다. 요즘 카드는 버스와 지하철 모두 통용되기에 번거롭게 현금 사용을 하지 않아도 된다는 것쯤은 아실만 한데. 하여튼 다시 지갑을 닫는 할아버지를 보며 기사아저씨는 또 소리를 질렀습니다.

"만원 넣으세요. 거스름돈 드릴게요."

여러 번 할아버지와 같은 차를 탔지만 오늘처럼 차비 가지고 승강이를 한 적은 없었습니다. 기사아저씨의 목소리에 껄끄러움이 배여있는 걸보면 저 할아버지와는 차비문제로 많이 다투었지 싶은 생각이 얼핏 스쳐 지나갔습니다. 할아버지도 책잡힐 행동을 많이 하였던지 기사아저씨에게 반항도 하지 않고 얼굴만 찡그리곤 일어나 요금 통으로 가서 만원을 넣었습니다. 그때다 싶었던지 기사아저씨는 100원짜리 동전을 철커덕철커덕 한참을 통 아래로 내리 쏟았습니다. 동전이 모두 계산대로 나오자 그때서야 기사아저씨는 버스를 출발시켰습니다. 거울 속의 기사아저씨의 얼굴에서 어떤 내기에서 이긴 승자만이 가질 수 있는 얇은 웃음을 보았습니다. 그와는 반대로 할아버지는 복숭아를 먹다가 벌레를 씹은 것처럼 매우 떨떠름한 표정이었습니다. 그러나 그 다음이 더 걸작이었습니다. 버스는 춤을 추며 나아갔습니다. 처음 버스에 탈 때에 흔들거리던 모습과는 달리 버스 기둥에 몸을 붙인 할아버지의 몸은 정직하게 고착되었습니다. 그 자세에서 몸을 약간 구부리더니 통 밑으로 떨어져 나온 동전을 잡으며 셈을 세어 나갔습니다.

그렇게 한참을 세어 주머니에 넣은 동전으로 인하여 앞섶이 볼록하니 튀어나왔습니다. 이젠 별 볼일 없다는 듯 사람들의 시선이 사라진 그곳에서 할아버지는 무거워진 주머니를 받쳐 쳐들며 아까의 자리로 돌아왔습니다. 그러나 할아버지가 돈을 셈하고 있을 즈음에 할아버지의 자리엔 그만큼의 나이가 든 다른 할아버지기 앉아버렸습니다. 자리를 잃어버린 할아버지는 다른 자리의 사람들에게 구걸하듯 양보를 눈짓했으나 애석하게도 할아버지에게 자리를 내어줄 의인은 그 버스에 한 사람도 없었습니다. 그렇게 소불알처럼 축 쳐진 앞섶을 자꾸 여미며 손잡이를 잡고 흔들거리는 할아버지를 바라보며 나는 속으로 홍겨운 웃음을 지었습니다. 여러 번 기사아저씨와 비슷한 이유로 부딪혔음은 분명하였고 나이 들수록 계산에는 밝아야지 많이 가지고 있으면서도 아주 적은 금액을 떼어먹으려는 얄팍한 수를 쓰다가 오늘은 된통 당한 것입니다. 나보다 더 먼 길을 가는지 출렁이는 앞섶을 움켜쥐고 용을 쓰는 할아버지를 뒤로하고 직장에 다다른 나는 버스에서 내렸습니다. 뒷날 또 만날까 눈여겨보니 할아버지는커녕 비슷한 또래의 어르신들도 아무도 그 자리엔 나와 있지 않았습니다. 모종의 연락이 자신들끼리는 닿아서 망신당한 할아버지의 비밀을 다른 어르신들이 알아 버려서 그 노선의 버스는 타지 않으려는 것이 아닌가 나름대로의 생각을 해 봅니다.

춘아 춘아 청춘아

리시버를 귀에 꽂고 노래를 따라 부르는 친구의 열정은 정말이지 대단하였습니다. 그것도 대도시인 부산의 버스터미널에서 말입니다. 버스가 바로 도착하여 망정이지 곁에 있는 나까지 친구는 홍당무로 만들었습니다. 현숙의 이 노래는 몇 번 라디오를 통해 들어 보았지만 별로 좋아 보이지 않는 노래였는데 친구의 엠피쓰리가 훌륭한 것이어선지 분위기에도 잘 어울리는 썩 괜찮은 노래였습니다. 춘아 춘아 청춘아.

58년 개띠를 항간에서는 세상의 중심이라 합니다. 지금의 사람들 중에 비슷한 연배가 제일 많아서도 그렇지만 나서길 좋아하는 친구 같은 사람들이 더 많아서가 아닌가 생각이 듭니다. 같은 58개띠이면서도 어찌 나는 닮지 않았는지요? 여자는 그저 살림만 하고 집이나 지키고 있는 줄 알았지 나댄다는 것은 전혀 생각 밖이었습니다. 그러나 아이들 다 크고 돌아볼 여유가 생기자 마음이 조금씩 달라짐은 또 무슨 조화인지요. 내게도 청춘이 있었던가? 언제 적에 지나갔지? 머릿속은 수 없는 의문부호로 편할 날이 없었습니다.

혹시 청춘의 꼬리라도 잡을 수 있지 않을까? 그렇게 시작한 나들이의 처음은 동창회의 참석이었습니다. 초등학교는 4학년을 기준으로 두 군데를 다녀서 그리 친한 친구는 없습니다. 중학교는 달랐지요. 말똥 구르는 것만 보아도 웃음보가 터지던 사춘기시절에 호기심 땅기는 대로 어울려 다니며 사고도 치고 하던 친구가 있었습니다. 졸업 후 한

번도 만나진 못했지만 동창회 사이트를 통하여 근황은 알고 있던 그 친구들을 만나러 동창회 모임에 나갔습니다. 40년을 훌쩍 지나온 세월이지만 까불대던 그 행실은 여전한 별명이 달랑이인 친구는 나를 보자 끌어안고 눈물부터 한바가지 흘렸습니다. 그렇게 이어진 친구와의 교분은 전처럼 숱한 에피소드를 낳으며 계속 이어지고 있습니다. 단발머리 때에 기묘한 행동들과는 비교가 안 되지만 달랑이 친구는 나이를 잊어버린 동화 속 아이처럼 순진스럽다가도 가증스럽기까지 한, 고삐 풀린 망아지처럼 하고픈 행동과 말은 다하고 다녔습니다. 어디 소풍이라도 가자며 숱하게 전화질을 해 댔지만 녹녹치 않은 삶에 목덜미를 잡혀 답 대신 쓴 웃음만 흘려보내다, 대찬 마음으로 나를 포함한 세 명의 친구들은 부산 행 버스에 몸을 실었습니다.

나만 모르고 있었던 이기대공원은 오륙도와 함께 부산의 대표적인 걷기 길이었습니다. 시원한 바닷바람도 쐬고 아기자기한 오솔길도 걸으며 가져온 캔 맥주도 마셔가면서 우리는 열댓 살 단발머리 소녀로 돌아갔습니다.

"그때 두류공원 이었지? 선주 너하고 말이야 저 가시나도 있었제?"

속사포처럼 앞뒤 안 가리고 뱉어내는 달랑이 친구의 말솜씨는 예나 제나 조금도 변함이 없었습니다.

모란이 흐드러지게 피던 유월이었습니다. 우리 세 친구는 모처럼 사복을 입고 남자 홀리러 가자는 달랑이를 따라나섰습니다. 짧은 단발을 감추려 여름인데도 머플러를 두르고 입술도 빨갛게 칠을 하였습니다. 문학소녀인 척 하느라 시집도 한권 들고 와서 벤치에 앉았습니다.

"대구 진짜배기 머슴아들은 다 죽었는지 똥파리들만 날아들었지?

아마"

그랬습니다. 바라는 대학생 오빠야 들은 보이지 않고 또래의 여드름투성이들만 괜히 와서 찝쩍거리다 달랑이한테 욕만 바가지로 먹고는 흘끔거리며 물러서곤 했습니다.

"춘아 춘아 청춘아. 춘아 춘아 청춘아. 아! 그래도 그때가 좋았는데."

미리 노래를 맞추어 놓았는지 엠피쓰리를 켜자 현숙의 청춘아 노래가 쿵쿵 울리며 나왔습니다. 별 사람은 없고 멀리 군함인지 상선인지 큰 배만 지나가는 바닷가 오솔길에서 세 친구는 엉덩이를 씰룩거리며 춤도 추었습니다. 틀 안에 갇혔던 내 기운이 다시 살아나는 순간이었습니다. 생각해보면 무던한 세월을 나는 집에서만 지냈습니다. 집과 직장 이외에는 어디 눈길조차 줄 수 없이 바쁘게만 살아온 세월입니다. 그동안 동창들은 숱하게 내게 연락을 해 왔지만 성공한 동창들만 모임에 나가는 줄 알고 보고픈 얼굴이 있었지만 꿈도 나는 꾸질 않았습니다. 만나면 다 좋은 친구들. 달랑이의 기운은 대구로 가기 위해 들른 사상터미널까지 와서도 식지 않았습니다. 어느 아저씨의 주머니에 비슷한 엠피쓰리가 들었는지 빠른 템포의 뽕짝이 흘러나왔습니다. 친구는 어깨춤을 추며 빙빙 돌았고 근처에 있던 나이 지긋한 남정네들이 박수를 치며 환호를 했습니다.

"야가. 뭐하누? 창피스럽게."

많은 시선이 몰리자 당황스러워진 나는 냉큼 친구의 옷자락을 잡아당기며 마침 도착한 대구행 버스로 올라갔습니다. 운전석 바로 뒷자리에 앉자 친구는 연신 까르륵 웃음을 터트렸습니다.

"아직 청춘인데 우째서 내 주위엔 늙은 벌들만 맴을 도는 거야? 기사 아제요. 우리가 여자 아닙니꺼?"

거울을 통해 힐끔거리던 기사아저씨가 아예 몸을 획 잡아 틀며 우리를 바라봅니다.

"누가 아이라 캅니까? 아짐씨들 시집을 가도 열 번은 더 가겠구먼."

한 술 더 뜨는 기사아저씨 말에 나도 따라 웃었습니다. 평일이고 한적한 오후의 시간이라 그런지 우리 말고의 승객은 서너 명만 뒷자리에 앉아있었습니다. 기사아저씨는 고기가 물을 만난 듯 별별 시답잖은 농지거리를 늘어놓으며 친구와는 잘도 죽이 맞았습니다. 그렇게 떠들고 웃다보니 차는 어느새 대구터미널에 도착하였습니다. 버스가 서자 달랑이 친구의 입이 꾹, 다물어졌습니다. 어디 정숙한 여인이 달랑이 뿐이겠습니까? 나도 또 다른 친구도 언제 청춘을 신나게 불렀던가? 흔적도 없이 조용히 버스를 내렸습니다. 시내버스 정류장에서 길커피를 한잔씩 하고 오늘의 즐거움은 추억으로 돌리고 시간 내서 또 소풍가자는 빈말? 만 던지고는 휑하니 두 친구는 먼저 온 버스를 탔습니다. 기다리는 버스가 네거리 신호등에 걸려있는 걸 보고 있는데 누군가 나를 부르는 소리가 들려왔습니다.

"한선주씨!"

누굴까? 참으로 오랜만에 듣는 내 이름입니다. 뒤늦게 가입한 서울의 동아리 모임에서나 가끔 불러주는 이름인데 누굴까? 돌아서보니 아니? 언제 왔는지 부산에서 타고 온 버스기사 아저씨가 징글맞은 웃음을 띠며 뒤에 서 있는 것이 아닙니까?

"아니, 기사님 아니라 예? 우째 내 이름은 알아가지고."

뭔 일일까? 놀래며 한발 뒤로 물러섰습니다. 기사아저씨가 내게 너무 가까이 다가왔기 때문입니다.

“네 흠. 흠. 이름은 친구 분들이 부를 때 알았고요. 백설 공주처럼 선주씨 이름이 참 예쁘네요. 마침 제 근무가 끝나서요. 잘 아는 찻집이 있는데 커피 맛 죽여줍니다. 저랑 한잔 하러 가시죠. 이야기도 좀 나누고요.”

뭣이라? 차 한 잔 하자고? 머릿속에 혼란이 오기 시작하였습니다. 저 인간이 나를 어찌 보았기에 초등학교 동창보다도 더 친근감을 가지고 대시할까? 혹시 본업이 제비 아닐까? 많이 해본 솜씨인 걸? 별별 상상들이 아주 짧은 순간에 머릿속을 헤집고 다녔습니다. 기사아저씨는 거침없이 내 팔을 잡았습니다. 누가 보면 다정한 연인처럼 말입니다. 이럴 때 나는 아주 용감합니다. 획, 뿌리치고 기사아저씨의 얼굴을 똑바로 노려보며 서릿발 보다 더 차가운 말을 내 뱉었습니다.

“보소. 아제요. 어따 데고 그런 말 합니까? 아제도 가정이 있을 것이고. 여긴 아는 사람 천지일터인데 창피당하고 싶습니꺼? 좋은 말 할 때 빨리 돌아가소.”

행인들이 좋은 구경거리라도 만난 듯 길을 멈추고 바라보았습니다. 하지만 이 아저씨는 아주 노련하여서 한발작도 뒤로 물러서지 않았습니다.

“외롭기는 다 마찬가지 이지예. 어디 청춘이 만날 있습니까? 제가 고놈 청춘을 확실히 잡아 드리겠심더. 가입시다.”

이 사람 고운 말로는 안 되겠다 싶어 폰을 꺼내들었습니다. 여차하면 112를 부를 작정이었습니다.

“돌아가지 않으면 당장 경찰을 부를 거라예. 성희롱 죄가 얼마나 무서운지 잘 알지예? 그래도 타고 온 버스 기사님이라 많이 봐드리는 겁니다.”

"알았다요. 나, 원 참."

머쓱해진 기사아저씨는 물러섰고 마침 기다리는 버스가 와서 나는 탔습니다. 자리를 잡고 밖을 바라보니 언제 어디로 사라졌는지 기사아저씨는 보이지 않았습니다. 세상 사람들 다들 그렇게 쉽게 만나고 그러는가? 아니면 내가 너무 헤프게 보였나? 쓸데없는 기사아저씨의 끼어듦으로 인하여 솔직히 그날의 기분은 다 망쳤습니다. 하지만 창피스럽기도 하여 친구나 누구한테도 이 일을 말하진 않았습니다.

그러고 반년이 후딱 지나갔습니다. 58개띠는 해가 바뀌며 이제 57세가 되었습니다. 속절없는 세월만 나무라며 멀리 눈 덮인 와룡산을 바라보는데 갑자기 춘아 춘아 청춘아 노래가 흘러나왔습니다. 주방에 설치된 라디오에서 나오고 있는 것입니다.

춘아 춘아 청춘아 춘아 춘아 청춘아 쉼표 없이 달린 인생 한 템포 쉬어가자

달갑지 않은 얼굴이 불현듯 떠올라왔습니다. 환갑을 몇 년 안 남긴 여인에게 무슨 춘아 춘아 청춘아가 있겠습니까마는 차 한 잔 하자며 내게 수작을 걸던. 그 기사아저씨. 내가 청춘으로 보이지 않았을까요? 만일 따라 나섰다면 어떻게 되었을까요? 작가다운 발상을 해보며, 그래도 아직 내겐 청춘의 찌꺼기라도 남아 있는가보다 애써 마음을 다잡아봅니다

대 · 한 · 사 · 이 · 버 · 문 · 학 · 21집

동화

정이식 4월에 내리는 눈 외

단편소설

서혜원 환청

http://cafe.daum.net/hankuk2003

4월에 내리는 눈

"안녕하세요?"

준철이는 자전거 페달을 밟는 힘을 늦추며 머리를 끄덕입니다. 언제나 하는 인사입니다. 빵집 아저씨는 여느 때와 다름없이 상품이 가득 쌓인 진열장만 바라보고 있습니다. 몇 달을 이 앞을 지나며 준철이가 인사를 해도 빵집 아저씨는 본체만체 입니다. 준철이는 상관치 않고 빵집을 지나 있는 약국과 세탁소에 신문을 넣습니다. 그리고 달콤한 냄새가 빈속을 요동치게 하는 피자가게 앞을 지나다 흘깃 정류장 옆의 간이 점포로 눈길을 주고는 씩, 웃으며 반갑게 또 인사를 합니다.

"안녕하세요? 할아버지."

가죽 앞치마를 두르고 구두를 고치던 할아버지가 코끝에 걸친 안경 너머로 준철이를 바라봅니다.

"그래. 부지런도 하지. 4학년이면 아직 어리광을 부릴 나이인데 준

· 1954년 경남 산청 출생
· 문학사랑 신인작품상 수상 · 제34회 근로자문학제 은상 수상
· 제23회 문학사랑 인터넷문학상 수상
· 2009년 경남신문 신춘문예 동화 당선
· 한국문인협회,문학사랑문인협회,경남아동문학회 회원
· 글동네2002,대한사이버문학 동인 · 현 경남 진주시 하대동 거주
· 010-4800-1623 · e-mail : cis1623@hanmail.net

철이 네가 욕본다."

"욕본다. 욕본다. 헤헤, 할아버지도 욕보시네요?"

수고한다는 말을 욕본다하는 할아버지 흉을 내며 준철이는 혀를 살짝 내밀었습니다. 풀숲을 흔드는 바람이 4월에 어울리지 않습니다. 때 아닌 눈이라도 쏟아질 양 하늘도 컴컴해져 옵니다. 산등성에 걸린 구름 속으로 저녁 해는 일찍 졌습니다. 샛강 가로 나가자 바람마저 쌩쌩 겨울을 흉내 냅니다. 샛강이 끝나는 곳의 별장은 배달의 마지막 집입니다. 빈티에 제멋대로 생긴 남새밭을 지나 두렁길을 따라가자 바람에 금방이라도 날아갈 듯 휭휭 거리는 비닐 집 한 채가 눈에 들어옵니다.

"어딜 가셨지? 할머니는?"

준철이는 자전거를 세우고 열린 방문으로 안을 들여다봅니다. 할머니는 안 보이고 심술궂은 바람만이 이리저리 문을 흔들며 놀고 있습니다.

"어? 저놈 봐라. 진짜 팔자 좋네."

울타리가 없는 마당 한가운데에 언제나 준철이를 보면 반가워 뛰쳐나오던 하얀 복실이가 벌렁 드러누워 자고 있습니다. 혹시나 하며 텃밭 구석구석을 훑어보아도 할머니의 그림자조차 보이지 않습니다.

다시 힘차게 달려 별장에 신문을 넣고서야 준철이의 일과는 끝이 났습니다. 학교 파하는 시간이 늦은 오후인지라 언제나 준철이의 석간신문 돌리기는 바쁘기만 합니다. 어둠을 끌고 집에 돌아와서도 저녁도 잊은 채 책상 앞에 앉습니다.

"우리 준철이가 뭐 잘못한 일이라도 있나요?"

눈이 하도 가물거려 1초만 하고 책상에 엎디어 있다가 자신도 모르게 잠이 깊게 들었나 봅니다. 대문을 여는 소리와 함께 들려온 엄마의 목소리에 화들짝 놀라며 준철이는 일어섰습니다. 방문을 열어보니 경찰관 아저씨가 엄마와 이야길 하고 있습니다. '무슨 일일까?' 이유 없는 불안에 준철이의 머릿속이 흔들립니다.

"아주머니. 여기서는 곤란하니 준철이와 함께 일단 파출소로 좀 갑시다."

갑자기 움츠러드는 어깨를 감당 못하고 준철이는 자꾸만 몸을 떨었습니다. 커다란 죄를 지은 것이 분명하다는 생각마저 들었습니다.

"아니? 너 은영이 아니니? 은영 엄마는 여기 또 무슨 일로 오셨어요?"

파출소에는 많은 사람이 먼저 와 있습니다. 다 준철이가 아는 사람들입니다. 구둣방 할아버지, 빵집 아저씨, 그리고 준철이와 한 반인 은영이도 엄마와 같이 나왔습니다. 무엇이 부끄러운지 은영이는 준철이의 눈을 피하며 자꾸만 제 엄마 옷자락을 붙들곤 뒤로 숨으려 합니다.

"자자. 너무 어수선하니 제가 정리 좀 하겠습니다."

파출소 소장님이 앞으로 나서며 모두가 자리에 앉기를 권합니다.

"수사과에서 나오기 전에 제가 먼저 조사할 사항이 있어서 그러니 협조를 바랍니다. 우선 여러분이 왜 여기에 오셨나부터 설명하겠습니다."

어떤 큰일이 났는지 소장님의 얼굴엔 하늘처럼 검은 구름이 끼어 있습니다.

"오늘 저녁에 수내리 뒷골 남새밭에 할머니가 숨져 있다는 신고를 받았습니다. 잘 아시겠지만, 할머니는 우리 관내의 사회복지사 도움을 받으며 사시는 어려운 분입니다. 할머니는 숨이 진 상태에서 발견되었는데 1차 검진결과 독극물에 의한 사고라고 하였습니다."

준철이는 숨이 콱, 막혀 옴을 느끼며 머리에 심한 어지러움이 몰려와 눈을 딱, 감았습니다. 이런 준철이의 행동을 넌지시 바라보며 의미 있는 웃음을 잠시 짓던 소장님의 말은 계속 이어 갔습니다.

"할머니 곁에는 빵 봉지와 우유 팩이 놓여 있었습니다. 그것들이 할머니의 사망원인이 되었음이 분명 합니다. 왜냐면? 빵은 물론 우유도 유효기간이 한참이나 지났기 때문입니다."

이때 고개를 갸웃거리며 듣고 있던 은영이 엄마가 벌떡 일어났습니다.

"소장님, 조금 전에도 그 말씀을 하셨는데요. 제가 식품 관련 일을 해서 잘 아는데. 보통 우유는 상하면 심하게 냄새가 나요, 만약 먹는다 해도 금방 뱉게 되어 있고요. 또 그 정도 먹었다 해서 쉬이 어떻게 되지는 않습니다. 앞에 독극물이라 말씀하셨는데 상한 우유가 독극물이 될 수는 없는 것 아닙니까?"

소장님 얼굴에 순간이지만 당황한 빛이 지나갑니다.

"저도 그 점이 이상해서 검진의사에게 연락해보았습니다. 그런데 그 의사말로는 연로하신 할머니에게 상한우유는 독극물과 같은 효력을 발생할 수 있기에 자신이 그런 표현을 썼다 하더군요. 당연히 저희는 유효기간이 훨씬 지난 빵과 우유에 초점을 맞추며 사건 조사를 하고 있고요."

"그렇다면 우유를 할머니에게 준 사람이 범인일 수 있는데 그 범인을 신고한 사람까지 마구 불러서 범인과 같이 조사해도 되는 겁니까?"

은영이 엄마의 말을 듣고서야 준철이는 은영이가 자신을 피하는 이유를 알았습니다. 그리고 자신이 범인으로 지목받고 있다는 사실도. 얼굴이 더 빨개진 은영이는 아예 준철이 눈에 안 뜨이려 엄마 뒤로 숨어버립니다. 잠깐 동안 준철이와 은영이의 두 엄마 사이에 보이지 않는 기운들이 눈길을 통하여 오갔습니다. 준철이가 이 이상한 분위기를 깨트리며 말문을 열었습니다.

"제가 할머니에게 우유와 빵을 드린 것은 맞습니다. 그러나 상한 것인 줄은 몰랐어요. 저는 단지."

"준철이 네겐 죄가 없어."

이때, 구둣방 할아버지가 준철이의 말을 가로막았습니다. 작업복 가죽 앞치마가 형광등 불빛을 따라 번쩍거리며 빛을 내었습니다. 할아버지의 또렷한 눈망울과도 닮았습니다.

"어제 오후에 빵을 먹으려다 보니 준철이 저 어린 것이 너무 욕을 보기에 내가 안 먹고 준 것입니다. 착한 준철이는 자신이 먹지 않고 할머니께 드렸나 봅니다. 그러니 준철이에겐 죄가 없어요. 하지만 나도 유효기간이 지난 줄은 몰랐습니다."

"할아버지는 그럼 그것들을 어디서 사왔어요?"

여전히 은영이 엄마의 눈매는 매섭게 불타고 있습니다.

"제가요. 제가 범인입니다. 흑흑."

갑자기 빵집 아저씨가 울음을 터트리며 앞으로 나섰습니다. 사시나무처럼 온몸을 덜덜 떨고 있습니다. 사람들의 눈길이 모두 빵집 아저씨에게로 몰려갑니다.

"네, 사실은요. 구둣방 할아버지는 언제나 아침을 못 드시고 나옵니다. 저희 가게에 들러 간단한 먹을 것을 사서 출근을 하십니다. 저도 어른이 계시는데 너무 안타까워서. 어느 날부터 팔다 남은 빵과 우유를 한 개씩 드렸는데요, 가게의 식품들은 유효기간이 지나면 자동 폐기됩니다. 저는 기간이 다 되어가는 빵과 우유가 있으면 꼭, 할아버지 드시라고 드렸지요."

"그럼 어째서 이번 것은 유효기간이 열흘이나 지났는가요?"

이번엔 소장님이 따져 물었습니다.

"네. 제가 죽일 놈입니다. 사실은 조금 전 소장님 연락받고 확인을 했는데요. 제 실수로 미처 폐기하지 못한 빵과 우유를 모르고 건넨 것입니다."

"가만. 이제 답이 나옵니다. 물론 모르고 이지만, 먹어선 안 될 식품을 아저씨는 할아버지에게 건넸고, 할아버지는 또 준철이에게로 다시 준철이는 할머니에게 주었고, 할머니는 결국 상한 식품을 먹고 돌아가셨으니, 자신이 당할 화를 남에게 미룬 것 아닌가요? 그러니 모두가 다 범인인 셈입니다. 죄를 묻지 않을 수가 없어요."

"아니에요. 그렇지 않아요."

소장님의 말이 끝나기 무섭게 고개만 숙이고 있던 은영이가 매우 다부진 목소리로 야무지게 토를 달며 나섰습니다.

"조금만 생각해도 쉽게 알 수 있는 답을 어른들은 전부 놓치고 있어요. 준철이와 할아버지 그리고 아저씨는 다 표창장을 줘야할 좋은 사람들이에요."

"네가 뭘 알고 있니?"

갑자기 튀어나온 은영이의 당돌한 행동에 소장님은 무척 놀랐나 봅니다. 한 발짝 다가온 은영이만큼 걸음을 뒤로 물렸습니다.

"그럼 도안을 뜨려고 동산을 찾았다가 오는 길에 쓰러진 할머니를 본 것입니다, 물론 신고도 제가 했고요. 그때 보니 빈 우유 통과 빵 봉지는 옆에 있었지만 드신 흔적은 없었어요. 왜냐면 우리도 빵을 먹으면 부스러기를 흘리는데 할머니 곁에는 부스러기는커녕 우유 한 방울 어디에도 흔적이 없었기 때문이에요. 즉, 할머니의 돌아가심은 우유와 빵과는 아무런 관련이 없다는 것이지요."

말없이 은영이의 이야기를 들으며 연신 고개를 끄덕이던 소장님은 이제는 오히려 은영이에게 의문을 되묻습니다.

"그럼 말이야. 왜 먹지도 않은 빵과 우유 봉지가 거기 있는 거지?"

"소장님, 중요한 건 그게 아닌걸요? 오는 길에 호기심이 솟구쳐서 할머니 집 앞으로 가보았어요. 마당에 할머니가 애지중지 기르는 개 복실이가 죽어 있더라고요."

"아니야. 은영아, 나도 보았는데 복실이는 죽은 게 아니라 잠을 자고 있었어."

팔자 좋은 놈이라고 흉을 보던 생각이 나서 은영이의 말을 준철이는 잘랐습니다.

"네가 잘못 본 거야. 개나 소든. 네발 달린 짐승은 절대로 네 다리를 하늘 쪽으로 치켜들고 자지 않아. 하여튼 무섭기는 했지만, 그것이 제 호기심을 따돌리진 못했어요. 할머니는 빵과 우유를 자식보다 더 귀히 여기는 복실이에게 주었겠지요. 제 기억에 의하면 복실이는 며칠 전부터 앓고 있었어요. 몸이 약한 복실이에게 상한 음식은 독이 되었을 겁니다. 복실이 주둥이 언저리엔 빵 부스러기와 입속에서 나온 우유가 흥건했어요."

"은영아. 네 말에 일리가 있고 또 초동 수사를 게을리 한 우리에게 큰 문제가 있음을 인정은 한다. 그런데 말이다 할머니는 왜 빵 봉지와 빈 우유팩을 거기까지 가져갔는지. 왜 거기서 숨이 지셨는지 그것도 알고 있니?"

소장님은 그래도 빵과 우유에 미련을 버리지 못하였습니다.

"글쎄요. 확실치는 않지만, 추측은 가능해요. 작년 봄에 야외 스케치를 나갔다가 할머니가 쓰러져 있던 그 자리에서 잔대라 불리는 딱주를 캐는 사람들을 보았어요. 딱주는 해독제로 많이 쓰이는데 특히 나이 든 어르신들이 민간요법으로 많이들 찾고 계시지요. 음식물을 잘 못 먹고 탈이 날 때에 딱주 뿌리를 짓이겨 즙을 내어 먹으면 바로 낫는다 하셨어요. 아마 할머니는 상한 우유와 빵을 먹고 탈이 나서 뒹구는 복실이를 살리려고 딱주를 캐러 갔을 거예요. 봄이라지만 올해는 늦되어서 딱주 찾기가 쉽지 않았을 겁니다. 딱주 닮은 독초를 잘못 캐시고 의심은 되어서 확인 하느라 씹으시고는 쓰러졌지 싶어요."

준철이의 가슴은 심하게 뛰어 왔습니다. 같은 4학년인데도 어른보다 더 나은 해답을 내어놓는 은영이가 너무도 훌륭하게 보였습니다.

"소장님 본서에서 전화가 왔습니다."

그때에 책상에 앉아 있던 경찰 아저씨가 전화기를 소장님에게 넘겨주었습니다.

"네? 그래요? 정말 다행입니다. 네. 알았습니다."

전화를 받는 소장님의 얼굴에 봄꽃이 활짝 피었습니다. 무어 그리 좋은지 연신 싱글거렸습니다.

"여러분, 좋은 소식입니다. 할머니께서는 돌아가시지 않고 잠시 기절하셨다 합니다. 이제 깨어나셔서 말씀도 하신다 합니다."

"와, 정말 다행이야."

모두 손뼉을 치며 좋아하였습니다.

"은영이 말처럼 할머니는 독초를 먹고 정신을 잃은 것이었답니다. 잠시라도 여러분을, 특히 준철이 학생을 의심한 점 깊이 사과드립니다. 그러며 저는 우리 관내에 이렇게 아름답고 따뜻한 사람들이 살고 있음을 가슴 뿌듯한 자랑으로 여깁니다. 이제 집에 돌아가셔도 좋습니다. 참 내. 허허. 크리스마스도 아닌데 눈이라니? 이 4월에, 허허."

소장님은 겸연쩍어하면서 창문을 열다가 내리는 눈을 바라보며 허허하고 웃습니다.

"4월에 눈이 내린다? 떠오른 생각이 있습니다. 언젠가 8월의 크리스마스란 영화를 보았는데요. 뭐 4월이라고 크리스마스 오지 마란 법이 있습니까? 우리 오늘 크리스마스 하지요?"

때 아닌 크리스마스를 늘어놓는 빵집 아저씨를 보며 모두 놀라워합니다.

"모든 잘못의 시작은 저입니다. 그러니 제가 오늘 빵과 우유를 내놓겠습니다. 할머니도 돌아오시고 우리 파티를 합시다."

구둣방 할아버지도 한 몫 겼습니다. 얼른 앞으로 나서며 말을 합니다.

"벗겨진 할머니 신발이 여기 있습니다. 제가 이것을 가져가서 새것처럼 고쳐오겠습니다. 할머니도 좋아하실 겁니다."

떨어지는 눈송이를 손에 받고 있던 은영이 엄마도 나섰습니다.

"어마. 멋진 크리스마스가 되겠네요. 저도 좋은 일 하고 싶어요. 교회에 내려고 짜 놓은 목도리가 있는데 마무리해서 할머니 선물로 드리겠습니다."

준철이만 아무것도 내놓을 것이 없습니다. 목덜미만 문지르다 겨우 작은 소리로 말을 합니다.

“그럼 저는 엄마랑 할머니 집에 가서 방을 따뜻하게 덥혀 놓겠습니다.”

“그래그래. 참 멋진 크리스마스가 되겠네. 허허. 4월의 크리스마스라, 신문에 나겠어. 일단 먼저 갑니다. 병원에 가서 할머닐 모셔와야지요. 우리 할머니 집에서 만나요.”

소장님이 나서자 모두 따라 파출소를 나왔습니다. 엄마와 같이 걷는 길엔 준철이의 발자국이 하얗게 찍히며 따라왔습니다.

“준칠아. 그런데 엄마는 한 가지 의문을 지울 수 없어.”

사람들과 헤어지어 골목으로 접어들며 엄마는 준철이에게 고개를 갸웃거리며 말을 합니다.

“뭔데요 엄마.”

“빵 봉지하고 빈 우유 팩 말이야. 소장님도 끝까지 의심을 놓지 않았는데, 은영이는 설명을 안 하였지. 할머니는 왜 집에서 그 먼 밭에까지 그것을 가져갔을까?”

준철이는 빙그레 웃음으로 답을 대신 합니다. 할머니는 종잇조각 하나라도 그냥 버리는 성품이 아니라서 급한 김에 바구니 속에 넣었다가 거기서 쓰러지며 엎질렀을 것이란. 안 보아도 알 수 있는 사실입니다. 그러나 준철이는 엄마에게 이런 이야길 하지 않습니다. 남에게 해가 되지 않는 비밀은 한두 개 가지고 있어야 생활이 재미있다고 믿기 때문입니다.

자전거 도둑

묘지 주변의 멋대로 자란 잡풀도 모두가 숨을 죽인. 무슨 큰일이라도 터질 것 같은 그런 무서운 밤입니다. 먼저 온 달빛만이 공동묘지 앞에 진을 친 큰 나무들을 유령처럼 휘감으며 오솔길을 밝혀주고 있습니다.

"뭐야? 남자가 쩨쩨하게."

달빛을 가슴에 안고 비탈길을 오르다 무서움에 떨고 있는 준철이를 밀치며 용감한 선영이는 앞으로 나섰습니다.

"무슨 여자가, 겁도 없냐? 그만 돌아가자."

선영이 뒤에 바싹 붙어 따라오던 진현이도 떨리기는 마찬가지입니다. 바라만 보아도 머리끝이 주뼛 서도록 묘지를 품은 산들엔 무서움이 깔렸습니다. 노란 달맞이꽃들이 너울대는 모습들도 다 유령처럼 보입니다.

오싹 체험하자며 공동묘지로 가자고 골프선수 박세리를 들먹이던 준철이지만 겁은 남달리 더 많아서 선영이와 진현이를 내버려 둔 채 결국은 혼자서 돌아섰습니다. 달빛에 모습을 드러낸 안락공원 간판만이 휑하니 지키고 있는 큰길까지 와서는 세워둔 자전거를 타고 묘지를 재빠르게 벗어났습니다.

"아악."

더 갈까 어쩔까 망설이고 있는 선영이와 진현이의 귓전으로 준철이의 날카로운 비명이 파고들었습니다.

"준철이야. 얼른 가보자."

행동이 빠른 선영이는 바로 돌아서 내려와 자전거에 올랐습니다. 으스름한 달빛이 바퀴살에 붙은 야광 판을 따라 같이 달려갔습니다. 준철이의 자전거는 가로수를 줘어박고 널브러져 있습니다.

"준철아 왜 그래, 자전거 고장 났어?"

"괜찮아. 고물 자전거 다 그렇지 뭐."

흙 묻은 손을 바지 뒤쪽에 쓱쓱 문지르며 일어서는 준철이의 얼굴이 노란 달빛을 받아 더욱 노랗게 보입니다.

"페달이 부러졌어."

넘어진 준철이의 자전거를 일으켜 세우며 진현이는 눈살을 찌푸립니다.

"저런, 자전거가 엉망이 되었네, 타고 가지는 못하겠다."

"공원까지는 내려가는 길이니 거기로 일단은 가자."

"그것 봐라, 혼자서 내 빼다가 벌 받은 거야."

여전히 못마땅한 선영이의 삐죽거림이 어두운 하늘에 메아리처럼 울려갑니다. 앞서거니 뒤서거니 내려가는 아이들의 등 뒤로 늦가을을 서러워하는 풀벌레 소리만이 조용히 따라오고 있습니다.

쌀쌀한 날씨 탓인지 마을을 비켜 공장지대의 첫머리에 지어진 공원은 비어 있습니다. 너른 공원을 훑어보다 가로등에 등을 기대며 준철이의 자전거를 바라보던 선영이가 갑자기 손바닥을 탁탁, 하고 칩니다.

"저기 말이야, 좋은 수가 있는데 준철아. 내 말 오해하지는 마라."

"뭐야? 말해. 우린 친구잖아."

선영이 말이 떨어지기 무섭게 진현이가 끼어듭니다.

"너 자전거가 마침 내 것과 같은 상표네. 내 것을 가져. 나는 아빠한테 자전거 고장 났다고 새로 사주라 하면 되거든? 마침 보아둔 자전거도 있어."

혹시나 자존심 강한 준철이의 비위를 거스를까 선영이는 조심스레 말합니다. 흘끔 자신을 바라보는 준철이의 눈길을 피하며 멀리 교회의 뾰족한 십자가로 눈길을 돌렸습니다.

"언제부터 새 자전거를 사주라 말씀드렸어. 타고 오다 넘어져서 부서졌다고 하면 되거든. 그래야 우리 모처럼 계획한 자전거 여행을 할 수 있잖아."

"그래, 준철아 오해는 말고, 겨울 오기 전에 강 아래쪽으로 자전거 길 따라 여행가기로 약속했잖아." 진현이도 거들며 나섰습니다.

"알아, 나 때문에 자전거 여행을 미루고 있는 것. 어제 아빠가 이 고물을 가져왔을 때부터 난 생각했었어. 이거론 먼 길을 못 간다고……."

말을 잇지 못하고 머리를 푹 수그리는 준철이의 등 뒤로 일찍 진 나뭇잎이 팔랑대며 떨어져 내립니다. 잠시 말이 없어지자 조용하던 여치들의 노랫소리가 다시금 들려왔습니다. 그제야 준철이는 결심을 한 듯 고개를 들었습니다.

"선영아, 네 진심을 받아줄게, 고마워. 사실 자전거여행 한번 하는 게 내 소원이었어."

"고마운 건 오히려 나야. 덕분에 새 자전거를 타게 되었잖아."

"얼른 자전거 바꾸자. 선영이 집은 가까우니 끌고 가면 되겠네. 너무 늦었어. 그만 가자."

기다리고 있었다는 듯 진현이가 나서며 선영이와 준철이의 자전거를 서로 바꿔 주었습니다.

"그래, 늦었네. 어서 가."

진현이가 먼저 자전거에 올랐습니다. 얼굴을 발갛게 붉힌 준철이는 더듬거리듯 선영이의 자전거를 탔습니다. 가로등 밑을 돌아가며 자꾸만 흘깃거리며 선영이를 바라봅니다. 선영이도 돌아섰습니다. 페달이 부러진 자전거를 끌며 공원 끝에 자리한 골목길로 들어섰습니다. 가로등 밑을 지나가는데 누군가 뒤를 밟는 듯 수상한 기운이 자꾸만 따라왔습니다. 선영이는 작심을 하고 휙, 뒤돌아보았습니다. 아니나 다를까, 전봇대 뒤로 재빠르게 몸을 숨기는, 미처 숨지 못한 그림자가 공장 담벼락을 길게 덮고 있습니다, 선영이의 어깨가 얇게 떨려왔습니다. 중고자전거를 아빠가 사주셨다고, 오싹 체험하자며 공동묘지를 가자고 준철이가 말했을 때 누구보다 좋아했던 선영이입니다. 웬만한 남자들보다 배짱이 더 두둑한 선영이입니다. 하지만 전봇대 뒤에 숨은 정체불명의 그림자는 귀신보다 더 무서웠습니다.

"달려가자, 따라온다면 그림자의 목표는 내가 분명해."

입을 꾹 다물고 선영이는 자전거를 끌며 달리듯 골목 안으로 들어갔습니다. 후다닥, 그림자도 전봇대를 벗어나며 달려왔습니다.

"거기. 너 서라."

이젠 대 놓고 서길 명령합니다.

"아차. 휴대폰을 안 가져왔구나."

연락할 길도 없습니다. 소리쳐도 들리지 않을 높다란 공장 담벼락만 쭉, 골목을 만들고 있을 뿐. 구원을 요청할 아무도 근처엔 없습니다. 선영이는 어쩔 수 없이 모퉁이를 돌아서며 커다란 화물차 밑으로 자전거를 눕혀놓고 자신은 바퀴 옆에 쪼그리며 앉았습니다. 긴 그림자가 마구 달려오고 있습니다. 헐떡거리는 숨소리도 들려왔습니다.

"어디로 갔지? 옳지, 저기 샛골목이 있구나."

선영이가 숨은 화물차 곁에서 숨을 고르던 그림자는 다시 달려갔습니다. 얼마나 시간이 흘렀을까요. 쪼그린 무르팍이 심하게 시려 선영이는 숨어 있던 화물차의 곁을 빠져나왔습니다. 밀쳤던 자전거를 빼내어 다시 끌고는 그림자가 사라진 반대방향으로 돌아섰습니다. 집과 멀어지지만 어쩔 도리가 없었습니다. 그래도 혹시나 해서 두리번거리며 가다가 가로수 뒤쪽에서 갑자기 나타난 그림자의 정체와 부딪히며 그만 땅바닥에 털썩, 주저앉고 말았습니다.

"누, 누구세요?"

말도 떨리고 몸도 떨리고, 어쩌면 자신을 납치하려는 나쁜 사람일 줄 모른다는 생각에 머리끝이 쭈뼛거리며 모두 일어섰습니다. 그림자는 키가 아주 커다란, 가로등을 등지고 있어선지 눈은 움푹 들어가고 많이 무섭게 생긴 어른이었습니다.

"애야. 걱정 마라, 아저씨는 네가 생각하는 것처럼 나쁜 사람이 아니다. 다만 네게 확인할 게 있어서 찾았다."

선한 웃음을 짓기는 하지만 그래도 선영이는 무서웠습니다.

"내가 그제 공원에 세워둔 자전거를 잃어버렸거든? 혹시나 해서 찾아 나왔는데. 그 자전거를 네가 가지고 있구나."

키 큰 아저씨는 선영이로부터 자전거를 빼앗듯 넘겨받아 유심히 살펴보며 말을 합니다.

"여기 있네. 이런 일에 대비하여 내가 안장 안쪽의 눈에 잘 안 띄는 곳에 내 명함을 붙여놓았거든?"

큰 보물이라도 찾은 듯 키 큰 아저씨는 자전거를 눕히어 선영이의 얼굴 쪽으로 들이밀었습니다.

"술을 조금 마시고 오다 넘어졌다. 화도 나고 해서 저기 광나무 곁에 내팽개쳤는데. 다음날 오니 없어졌지 뭐냐. 그런데 왜 이리 망가졌어?"

키 큰 아저씨는 자전거를 다시 가로등 뒤에 세우고는 선영이의 앞길을 막아서며 다그치듯 말을 이어갔습니다.

"네가 훔쳐갔구나. 여자애가 당돌하기는, 어쨌든 넌 도둑이야 남의 자전거를 훔쳤으니. 어서 바른대로 말하렴?"

선영이는 바들바들 떨며 눈을 꼭 감았습니다. 조금 전 공동묘지로 가며 하던 준철이의 말이 생각났습니다.

"중고 자전거를 샀어. 며칠 전부터 졸라대었더니 아빠가 어제 고물상에서 사왔데."

"낡았지만 명품자전거네. 네 아빠 실직자라 돈도 없을 텐데 어떻게 샀을까?"

진현이는 가볍게 말을 던졌지만 준철이의 낯빛이 빨갛게 달아오름을 선영이는 보고 있었습니다. 이 자전거는 키 큰 아저씨의 자전거는 틀림이 없고 그렇다면 준철이는 이 자전거를 도둑질하였을 거란 무서운 생각이 꼬리를 물고 일어났습니다.

"왜 답을 안 해? 네가 도둑질을 했지?"

키 큰 아저씨의 재차 다그침에도 선영이의 굳게 다문 입술은 꿈쩍도 하지 않았습니다. 자신이 물론 훔치지는 않았지만 그렇다고 친구인 준철이가 훔쳤다고도 말 할 수가 없어서였습니다.

"안 되겠다. 저기 큰 길 가에 파출소가 있으니 그리로 좀 가자."

키 큰 아저씨는 자전거를 끌며 앞장을 섰습니다. 마지못한 듯 고개를 푹 수그린 선영이가 뒤를 따랐습니다. 노란 달빛이 선영이의 발끝에 찍히는 눈물을 비치며 같이 따라갔습니다.

"아니, 준철아……."

뜻밖에도 파출소 앞에서 선영이는 준철이를 만났습니다. 놀라기는 준철이도 마찬가지였습니다.

"길에서 아빠를 만났어."

말끝을 흐리며 준철이는 고개를 숙였습니다.

"몇 번이나 말해야겠습니까?"

쩌렁쩌렁한 준철이 아빠의 목소리가 파출소 담장을 넘어오고 있었습니다.

"내 비록 실직자로 살고 있지만, 아이만큼은 바르게 키우고 싶습니다. 저렇게 새것인 자전거를 그냥 줄 친구는 없습니다. 틀림없이 훔친 겁니다. 내 아이에게 벌을 주십시오."

키 큰 아저씨가 파출소 문을 열다말고 잠시 머뭇거리며 서 있습니다. 언제 따라왔는지 둥그런 달이 강 건너 동산위에 냉큼 거리며 올라앉아 노란 달빛을 포근하게 뿜어내고 있습니다.

환청

오빠 부부와 조카 둘이 외출을 하는 모양이다. 분주한 발걸음과 조카들을 챙기는 올케의 들뜬 목소리가 거실에 가득하다. 난 그들에게 어딜 가는 거냐고 묻지 않을 것이다. 물론 그들도 나와 마주치지 않기를 간절히 빌고 있을 것이다. 혹 맞닥뜨리게 되어도 난 관심을 갖지 않는데 오빠 부부는 내 눈치를 보곤 한다. 내가 시시콜콜 알고 싶어 하는 것이 무엇인지 나름대로 윤곽이 드러나 있을 텐데도 그들은 무조건 나를 멀리 하고 싶어 한다.

어쨌든 나는 지금 졸립다. 엄마가 지켜 앉아 먹인 약 기운 탓이다. 어쩌면 저들에게 관심을 갖지 않는 것도 다 이 약 때문인지도 모른다. 이렇게 되라고 엄마는 지극 정성을 다 해 약을 먹이나 보다. 늘 깨어 있고 싶은 나를 잠 속으로 밀어 넣어야만 모두 안심이 되는 것 같다. 내가 일으킨 사건들은 그들이 합심 해 밀어 넣은 꿈 속에서였는데, 그들은 그것의 진실을 전혀 알려고 하지 않는다.

· 1951년생
· 수필문학 등단
· 한국수필가협회 회원, 문학사랑문인협회 회원, 군포문인협회 회원
한국문인협회 회원, 한밭소설가협회 회원
· 문학사랑 제10회 인터넷문학상 수상
· 대한사이버문학회 회장
· e-mail : cryingbird50@hanmail.net

엄마는 한때 기도원의 '사천왕'을 만병통치인 양 믿더니 요즈음은 병원 의사의 말을 그렇게 믿는다. '사천왕'은 나를 힘으로 다뤘고 의사는 화학 약품으로 다룬다. 둘 다 마음에 안 든다. 그래도 나 보다 더 미친 듯이 날뛰는 딱부리 사천왕의 매 보다는 교양 있는 의사의 부드러움이 좀 낫기는 한 것 같다. 하긴 선택의 여지가 내게는 없다. 애초부터 거부권을 행사 해 보지 못한 채 가족의 결정에 따라 왔을 뿐이다.

상상의 세계를 자극하던 아래층의 움직임은 시름없이 빠져드는 잠에 쫓겨 더 이상 관심을 기울이지 못하고 만다. 사지 끝으로 빠져 나가는 기의 소진, 허탈함, 표현할 수 없는 불쾌감 등을 감지하기 시작한다.

아주 나른한 잠이었다. 간신히 눈까풀을 들어 올렸을 때 그 어떤 소리도 들리지 않는 정지된 적막함에 화드득 놀라 소리를 지른다. 숨이 금세 멈춰버릴 것만 같은 이런 진공 상태의 느낌을 난 언제나 두려워했다. 어디선가 엄마의 음성이 들려오는 듯 했다. 그러나 내 울부짖음에는 예전처럼 반응하지 않는다. 난 벌떡 일어서 방문을 걷어찬다. 아래 층 거실 쪽에서 두런거리는 소리가 들린다. 내 이런 거친 행동에 가족 모두가 익숙해져 있는 모양이다. 급할 것도 없고 분노할 것도 없이 그저 느긋하다. 아니면 나를 잊고 있다는 것이다. 왜일까.

"새 집인디 왜 이렇게 자주 맥힌데유."

"글쎄 꼬맹이들이 또 장난을 친 게지. 사내들이 되놔서 짓궂어, 혼을 내도 들어 먹질 않어. 그래, 이거야 돼. 근데 이것 가지구 될까. 너무 적지 않아?"

엄마는 염산 병을 들어 용량을 살폈다.

"또 있어유. 저기유"

옥천 댁은 턱을 내밀어 변기 아래 구석을 가리켰다.

"넉넉하겠네. 쓰고 남으면 빨리 치우게. 이층 아이 눈에 띄지 않게. 또 어린 것들 손에 닿으면 큰 일 나네."

"알았시유. 근디 혹 아가씨가 집어넣은 건 아닌지 모르겠네유."

"걔가 뭘 넣어?"

엄마는 불쾌한 듯 사뭇 역정을 내 쏘아붙인다.

"사기 정신이 아니니께유."

옥천댁은 뻔히 알면서 능청을 떨며 엄마의 가장 수치스럽고 고통스런 부분을 건드린다.

"시끄러! 어서 붓기나 해."

"멀쩡할 때야 워디 그런 맘 드남유. 헷가딱해뻔지믄, 무섭지유."

정말 무서운 사람이다. 자기가 하고 싶은 말 다 하고 있다.

"어허! 자네, 정말 내 속을 뒤집기로 작정했남? 자네가 구체적으로 설명 안 해도 다 알아, 알고 있어. 알아?"

"아니었던가벼유. 잘 뚫리네유."

지금 둘은 양변기의 물을 막고 그곳에다 염산을 붓고 있었다. 난 지금까지의 태도를 바꿔 조용히 집안을 빠져 나갔다. 새벽녘에 휴지로 공을 만들어 그곳에 집어넣은 것이 몇 개인지 정확하게 기억할 수가 없다. 미처 풀리지 않는 화장지 뭉치가 양변기 배수로를 막고 있어 애꿎은 조카애들이 덤터기를 쓰고 있는 것이었다.

도망쳐야 한다는 일념만으로 집을 나왔다. 갈 곳이 있을 턱이 없다. 오직 한 곳, 성당뿐이었다. 먼저 예수님 성상 앞에 섰다. 예수님은 내가 퍽 예쁘신 모양이다. 한쪽 눈을 찡끗 해 보인다. 덩달아 나도 한쪽 눈을 감아 보인다. 그랬더니 예수님의 표정이 험악하게 바뀐다. 화가 나신 모양이다. 내 윙크가 예수님 비위를 거슬렸나보다. 난 혓바닥을 날름 내밀고 그 앞을 떠났다.

성당 안으로 들어섰다. 마침 미사 시간이었다. 난 나 이외에 사람들에게는 크게 관심을 두지 않는다. 미사를 집전하고 있는 신부님 뒤로 보이는 예수님을 보고 씨익, 소리 내어 웃었다. 조금 전 내게 보인 표정이 떠올랐던 것이다. 성수를 찍어 성호를 긋고 십자가가 일직선으로 보이는 곳에서 무릎을 꿇었다. 신부님과 시선이 똑바로 닿았다. 그렇지만 난 나대로 드려야 할 기도가 있었다. '병을 다스릴 수 있는 자제력을 주셔서 수녀원에 들어가고 싶은 열망이 이루어지게 해 주시옵소서' 이것이 눈을 뜨거나 잠자리에 들거나 내가 드리는 기도의 전부였다. 난 이 소망이 이루어질 때까지 할 것이다.

"모두들 자리에 앉아 주십시오."

강론 시간이다. 교우들은 사제의 절대 권위 앞에 압도 되어 있다. 자리에 앉으려던 나는 문득 내 의지를 강력하게 제압하는 힘을 느꼈다. '앉지 마!'하는 소리였다. 난 거역하지 못한 채 외돌기처럼 우뚝 서 있었다. 이런 저항을 오늘만 했던 것이 아니기에 신부도 기억 못할 리가 없다. 신부의 시선은 긴장되어 있었다. 간신히 졸업한 대학의 교수도 저런 눈빛으로 나를 바라보곤 하였다. 끄떡하면 교단에 올라서는 나를 보고 짓는 표정이었다. 아니, 애원이었다. 제발, 그만 나오라고, 신부는 애써 표정을 누그러뜨렸다. '홍 데레사! 앉아요.' 그러나 내 귀에는 앉지 말라는 명령과 함께 또 다른 명령이 뒤 따랐다. '강론을 해, 나는 예수다.' 난 앉으라는 신부의 명령을 무시한 채 좌석을 빠져나갔다. 그리고는 신부 앞으로 걸어가고 있었다. '그렇게 말 해!' '어떻게?'

'니가 하겠다고 해! 너는 예수니까 어서!' 그러나 나는 어느 날처럼 양쪽 겨드랑이를 잡혀 성당 문 밖으로 내팽개쳐졌다. 그리고 성당 문은 안으로 잠겼다. 이렇게 해서는 안 된다는 내 판단과는 다르게 행동하는 것이 바로 나였다. 그러니까 내가 다른 사람과 다르다는 것이다. 잠긴 문을 발로 차고 주먹으로 마구 두들겼지만 안은 쥐 죽은 듯이 조용했다. 병든 자를 이렇게 내쳐도 되는 건가. 그것이 수도자로써 할 수 있는 태도인가. 구원의 신앙이라는 것이 고작 이런 것인가. 악다구니를 써 대던 나는 갑자기 매서운 눈초리를 의식했다. 보이지 않는 힘이다. 난 늘 나를 제어하는 이 힘과 행동하게 하는 힘 둘에게 지배당하고 있었다. 보이지 않는 이 힘에게는 늘 두려움을 느낀다. 난 성당 문에서 떨어져 나갔다. 두려움에 밀려나면서도 난 성당 문에 대고 침을 내뱉었다. 다소 탈진된 듯한 피로를 느꼈으나 극악스럽게 치밀어 오르던 분노가 사르르 가라앉는다.

예수님의 노한 모습이 나타난다. 조금 전 강론을 대신하라고 명령하던 그 모습과 같다.

"전 예수님 때문에 쫓겨났다구요. 아시겠어요? 저를 왜 이렇게 초라하고 비참하게 만드는 거에요."

또 내 원망이 서운했던 모양이다. 금세 사라진다. 뒤이어 사봉의 산부처가 나타났다. '사천왕'이 있던 기도원에서 자주 나타났던 부처다. 난 한기를 느낀다. 이빨까지 딱딱 부딪치며 몸을 떨었다. 그는 황제이고 나는 그의 아내 황후라는 생각을 하면서도 나는 떨고 있었다.

사봉의 산부처는 동굴 속 음습한 침실로 날 데리고 들어갔다. 그의 손이 닿을 때마다 내 몸뚱이는 맨 살을 드러냈다. 어느새 난 내 몸 위로 휘파람 소리를 지르며 떨어지는 복숭아 나무 가지 회초리를 느꼈다. 그것은 사정없이 감겨들었고, 그 때마다 난 견딜 수 없는 고통으로 마구 비명을 질렀다. '사천왕'은 그랬다. 내가 지르는 비명은 내가 아닌 내 몸 안에 들어 있는 악귀라고 그 소리가 멈출 때 몸 안에 악귀도 사라지는 거라고 온 힘을 다해 회초리를 흔들었다. 내 입에서 아무 소리도 흘러나오지 않을 때까지 '사천왕'은 춤을 추었다. 나보다 더 미쳐 있는 게 틀림없었다.

눈을 떴다. 내 위로 무수히 떨어지는 수많은 빛들이 있다. 나를 응시하고 있는 눈빛들이라는 것은 조금 정신이 든 후에 알았다. 성당 앞 광장에 쓰러져 있는 것을 긴 의자에 옮겨 놓고 대책을 의논하고 있는 중이었다. 미사가 끝난 지 얼마 안 된 것 같았다. 둘러 서 있는 틈을 비집고 아주머니 한 분이 다가왔다.

"또 시작했군. 자 일어나 봐. 일어날 수 있겠어?"

신부님 조석 시중을 드는 식복사 아주머니였다. 난 살지 말자. 살아 있어서는 안 된다는 결심을 한다. 물론 그 결단은 몇 차례 실패로 끝나고 말았지만 결심에는 변함이 없었다. 이렇듯, 이런 나를 발견하는 날에 참혹함은 곧 절망으로 이어졌고 절망은 곧 생명을 결단하는 용기를 갖는 것 밖에 없다는 결론에 이르게 하곤 하였다.

"난 이제 성당에 올 수 없어요. 쫓겨났어요."

난 의지하고 싶었다. 이 수치스러움에서 벗어나기 위해서라도 강해 보여서는 안 되었다. 조금 전의 내 모습을 기억하고 있는 사람들에게 동정을 받아 충분할 만큼의 약한 모습이고 싶어졌다.

"한 두 번이야? 정말 큰일이네."

아주머니는 내 허리를 감싸 안고 일어섰다.

"괜찮아! 예수님은 네 마음을 잘 알고 계실꺼야."

"용서를 빌면 받아주실까요?"

"그럼!"

아주머니의 음성에는 말과 달리 자신이 없었다.

"구경 난 거 아녜요. 비켜요! 환자에요."

아주머니는 사람들 사이를 바삐 헤집고 나섰다.

"고마워요."

"그냥 가려고? 쉬었다 가."

"데려다 줄까?"

머리를 흔들었다.

"몸이 안 좋을 땐 성당에 오지 마."

난 아주머니의 입술이 단평수의 입술로 보이는데 놀라 몸을 뒤로 제꼈다.

"왜 그래?"

놀라는 아주머니의 입술이 명령했다.

"제발! 가만히! 쉿!"

육중한 힘에 떠밀려 교실 구석으로 가 몸을 바짝 움츠려들었다. 단평수의 손이 웃옷 앞가슴 속으로 파고들었다. 겁에 질려 있는 내게 그는 다시 명령했다. '눈을 감아!' 난 눈을 감았다. 그의 큰 손은 내 작은 몸뚱이를 쓸어내리는 동작을 반복했고 입술은 어느새 내 얼굴 전체를 핥고 있었다. 난 그의 해제 명령을 기다리고 있는 사람처럼 눈을 감은 채 있었다. '눈을 떠!'였다. 그러나 그런 명령은 내리지 않았다. 난 이미 그에게서 도망칠 수 있는 기력을 잃었고 뭔가 알 수 없는 두려움 속으로 자꾸 빠져들어 가고 있다는 것만 알 수 있었다. 그리고 난 이대로 죽을지도 모른다는 생각을 한다. 엄마는 이런 사람에게 친절했다. 엄마가 이 일을 알면 어떻게 할까. 난 도망쳐야 한다고 눈을 크게 뜨고 그를 노려보려 했다. 그러나 그는 이미 나의 중심에 들어 와 있었고 난 참을 수 없는 고통으로 숨이 넘어 갈 것만 같았다. 왜 그러는 거야. 또야. 라는 말을 마지막으로 난 의식을 잃었다.

"그러길래 잘 지키셨어야죠. 이러다가 객사하면 어떻게 해요?"

"끔찍한 소리!"

가족은 이런 내 모습에 퍽 익숙해져 있었다. 난 다가올 내일을 알고 있다. 언제나 한바탕 소란을 피우고 나면 내가 가야 할 곳이 어딘가를 알고 있는 것이다. 오빠는 그 내일을 생각하며 온화한 척 가장하고 있다. 그렇지만 오빠는 늘 내 편에 서 있다. 그 무서운 사천왕의 소굴에서 나를 빼 내 온 것도 오빠가 아니었으면 불가능 했다. 그 곳에서는 쥐도 새도 모르게 사라질 수는 있어도 나오는 건 쉽지 않았다. 이처럼 죽기를 소망해도 그 곳에서 나오게 된 것을 다행스럽게 생각하는 것은 무슨 이유인지 나도 잘 모르겠다.

단평수의 요구는 집요해졌고 결국 엄마의 추적에 걸려들었다. 차라리 잘 된 일이었다. 난 더 이상 그 사람에게 시달리고 있을 수는 없었다. 엄마가 실수한 것이 두 가지가 있다. 하나는 단평수의 범행을 법원으로 끌고 갔다는 것이다. 그 다음에는 내 발병을 은폐시키기 위해 기도원으로 데려갔다는 것이었다.

그 곳은 책에서나 읽어 봄직한 교도소 안과 조금도 다를 게 없었다. 곰팡이와 흙 내음이 비릿하게 어우러져 역겹기 짝이 없었다. 열네 살의 나이로 그런 상황을 감당할 수 있다고 엄마는 어떻게 믿었던 것일까. 초기 증세는 심각했었던 것 같다. 허구헌 날 발가벗기운 채 방 구석 기둥에 묶여 있었고 시뻘건 매 자국이 전신을 구렁이처럼 휘감고 있었다. 나를 향해 힘차게 회초리를 휘둘렀던 '사천왕'은 나의 저승사자가 될 뻔 했었는데 불행인지 다행인지는 몰라도 오빠의 방문으로 난 그곳에서 빠져 나올 수 있었다. 점점 더 악화되어 가는 것을 느끼면서도 엄마는 손을 쓸 수가 없었던 것이다. 그들이 쉽게 나를 놓아주지 않았기 때문이었다. 엄마는 늘 그들에게 설득당한 채 어쩔 수 없이 돌아가곤 하였다. 내 그 꼴을 오빠가 보지 못했다면 난 그곳에서 복숭아나무 가지로 만든 회초리로 치료를 받다가 이미 객사를 하였을지도 몰랐다. 어찌면 그것이 내게는 나았을지도 몰랐다. 그래도 난 지금까지 오빠를 구세주로 알고 있다. 오빠를 보면 그날의 감격을 잊지 못해 가슴이 울컥 뜨거워지곤 하는 것이었다.

오빠는 그 곳에서 나를 데리고 나오는 즉시 병원에 입원을 시켰다. 그 때부터 지금까지 난 집과 병원을 오가고 있다. 열네 살에 시작 된 나의 병은 삼십이 되도록 완쾌 될 거라는 희망을 갖지 못한 채 계속되고 있었다. 내 병명은 정신분열증이다. 간략하게 말 한다면 독립체로서 사회생활이 불가능한, 그러니까 생존 할 가치를 상실한 무용지물인데다 타인에게는 물론 가족에게도 위험한 행동을 저지를 수 있는 조건을 갖추고 있었다. 깊은 우울증은 자해할 확률도 높다. 사람들은 나를 이해하지 못 한다. 내가 저지르는 사건들이 절대로 내 의지가 아니라는 것을 알려 하지 않는다. 난 언제나 보이지 않는 어떤 강력한 힘에 끌려 행동하는 꼭두각시 같은 자신에게 더 화가 나곤 한다. 거역할 수 없는 명령 때문이다. 나는 오직 그 명령에 따라 구르고 달리고 뛰어내리고 미끄러지곤 한다. 나를 지배하는 힘이 따로 있다는 것을 이해 못하고 날더러 미쳤다고만 한다. 그것이 미친 것인가?

꿈속에서 사봉의 산부처와 잠자리를 하고 난 아침에는 몹시 기분이

나쁘다. 사봉의 산부처란 기도원의 원장을 나만이 그렇게 부른다. 그 사람은 나와 대화를 나눈 적도 없고 따로 불러 만난 적도 없는데 꿈속에서 그는 늘 나를 안는다. 그러나 산부처라는 확신만 있을 뿐 얼굴은 확인 되지 않는다. 어쩌면 그 얼굴은 단평수였는지도 모른다. 그렇게 자연스럽게 관계가 이뤄질 수는 없었다. 아무리 꿈이었지만.

난 매일 꿈을 꾼다. 내가 사랑하는 가족이 단평수에게 끌려가 순결을 잃는 꿈이다. 어떤 날은 성모 마리아까지 당하는 꿈을 꾸곤 괴로워한다. 내 꿈속은 마치 '섹스 파티'를 방불케 하지만 병원에서 갖는 자유 토론 시간에는 섹스에 관해서 한마디도 꺼내지 않는다. 난 섹스란 말만 떠 올려도 구역질이 난다. 섹스에 대해 생각하고 있는 것을 정직하게 기술하라는 말을 들을 때부터 가슴이 울렁거리고 머리가 몹시 아파 온다. 그래서 난 병원이 지겹다고 엄마를 들들 볶는다. 퇴원이 허락 되어 귀가하면 난 엄마 몰래 약의 양을 줄인다. 난 조금씩 정신이 맑아지기 시작 한다. 목소리에도 힘이 주어지고 움직임도 활발하다. 내 그런 변화는 엄마에게 한 가닥 희망이 되어 주었다.

어느 날 가족 몰래 수녀원을 찾아 갔다. 살아남는 길은 나를 하느님께 봉헌하는 길밖에 없다고 생각했다. 사실 신앙생활 외에 내가 할 수 있는 일은 아무 것도 없었다. 원장 수녀는 친절하게도 내 이야기를 질문 없이 들어만 주었다. 매우 맑고 차분한 분이었다. 내가 사회성이 부족 한 것은 예수님 외에는 사랑할 대상이 없기 때문이라고 했다. 난 많은 유산을 받게 될 것이라고 했고 기회가 있을 때 그것을 모두 기부할 의사도 있다고 말했다. 여기서 날 내치면 난 영원히 버림받는 것과도 같다고 애원했다. 열심히 듣고 있던 수녀는 어디 아픈 데는 없느냐고 했다. 난 거짓말을 할 수 없었다. 정신분열증을 앓았지만 다 나아가는 중이라고 설명했다. 원장 수녀는 정중하게 돌아 갈 것을 권했다. 완치가 된 후에 다시 오면 꼭 받아 주겠노라고 약속했다. 밖으로 나온 나는 수녀원 문에 기대어 얼마나 울었는지 모른다. 난 가족과 이 사회에서 격리되고 소외된 존재였다. 난 살아있을수록 귀찮은 짐짝에 불과했다. 나로 인해 괴롭고 고통스런 가족의 얼굴을 어떻게 매일 바라볼 수 있을는지 나 또한 괴롭고 고통스러웠다.

그 후 난 엄마의 머리채를 잡아 욕조에 밀어 넣으며 기도원에서의 고통을 엄마 탓으로 돌리며 원망하고 증오했다. 가족 모두를 그런 식으로 달달 볶았다. 성당 삼 층 교리관에서 아래로 떨어질 때 나는 나의 지배자와 의기투합했다. 그 명령은 내가 기다리고 있던 것이었다. 내려 뛰어! 굴러!

결국 난 휠체어를 타고 퇴원했다. 정신분열증에다 신체장애까지 심신이 몽땅 못 쓰게 되어버렸다. 만신창이가 된 이쯤에서 생명을 거둬 가도 될 만한데 아직은 아닌 모양이다. 그렇다면 내가 사랑하는 신과 나를 지배하는 자들과의 전쟁 속에서 나는 살아 있어야 한다는 것이다.

어쩐 일로 오른 편 팔은 성하다. 글씨도 쓰고 그림도 그린다. 난 오늘도 남은 한 팔로 일기와 편지를 쓴다. 그리고 이것마저 성치 않았다면 어떻게 했을까 정말 다행이라고 진심으로 예수님께 감사한 마음 갖는다. 물론 그런 마음도 잠시일 뿐이라는 거 알고 있다. 그래도 그런 마음이 생길 때는 평온하다. 하지만 나는 조물주의 영역 밖에 있다는 확신을 갖고 있다. 달리고 구르고 떨어지고를 명령하는 것은 늘 스산한 바람을 동반하고 나타나 나를 꼼짝 못하게 하는 그 어떤 것이었다. 난 그 괴물을 이겨낼 수 없다. 그리고 앞으로도 이겨낼 자신이 없다. 괴물은 나를 망가뜨리며 살아서 고통 받는 것을 즐기고 있는 것이다. 난 그 괴물에게 놀아나고 있는 것이고 나의 하느님은 나를 포기한지 오래다. 난 점점 이렇게 황폐되어 갈 것이고 이 보다 더 비참해질 수도 있다. 물론 올 때까지 다 온 것 같기는 하다.

다급하게 아줌마를 불러 젖힌다. 신부님 사저에 있었던 세실리아 아주머니다. 수녀님이 오고 나서 마땅히 갈 곳 없어 하는 것 같아 엄마한테 청을 해 나와 함께 있기로 했다. 교리관 삼 층에서 굴러 떨어질 때 막지 못한 것을 자책하는 순진한 분이다. 아줌마는 숨 가쁘게 뛰어 올라왔다.

"이게 무슨 소리에요?"

내가 바람 소리를 두려워 한다는 것을 가족은 전혀 알지 못 한다.

"태풍인가 봐. 나무 가지가 꺾일 것 같은 소리를 내. 앓는 소리가 요란 해."

"어떤 사물인지 보고 싶어요."

아주머니는 날 안아 휠체어 위에 앉혀 주었다. 창문 가까이로 밀어 놓고 커튼을 활짝 젖혀 주었다. 정원의 나무들이 제 멋대로 몸을 틀며 괴로워하고 있었다. 난 그것들의 움직임을 바라보며 나를 미치게 하는 것이 나무 가지에 붙어있는 거라고 생각 한다. 아주머니는 내 뒤에 서서 꼼짝하지 않았다. 내가 어떻게 행동할 것인지는 그 누구도 예측할 수 없었기 때문이다.

"아주머니! 난 살 필요가 없어."

"그런 말 하면 안 돼. 태어난 생명은 그 생명을 하늘이 거둘 때까지 살아야 해."

"내 생명도 선택 받은 거라고? 택도 없는 소리!"

"……"

"쓸모 있는 사람들을 돋보이게 하려고 구색용으로?"

"가족이 필요로 하고 있잖아. 네가 세상에 없다면 얼마나 슬퍼하겠어?"

"아주머니! 이젠 아주 정박아 취급 하시네. 잘 하고 싶어 잘 하는 거 아냐. 어쩔 수 없어 하는 거야. 저 떠나면 잠시 슬플 뿐이에요. 맞죠?"

"꼭 그렇지도 않아"

"것 봐요. 그렇다니까요. 설혹 그런다 해도 원망 안 해요. 지금까지 고생 너무 많이 시켰어요. 그리고 죽었는데 뭘 알겠어요. 근데 아줌만 왜 수녀원에 안 가셨어요?"

"넌 천국과 지옥을 믿지 않나 보지?"

"그런 건 상관없어요. 제가 무엇을 어떻게 믿어야 하죠? 아주머니 눈에는 제가 믿어야 할 사람에요? 근데 왜 수녀원에 안 가시고 이렇게 살게 되었어요?"

"봉사는 수녀원에서만 하는 것이 아냐. 사람은 저마다 사는 방법이 달라. 내가 선택할 수 없는 것이 있지. 난 이렇게 사는 것에 맞아. 이렇게……"

"이렇게 사는 방법이 맞는다는 건 옳지 않아요. 상황을 억지로 받아들인다는 거죠."

"아냐, 그렇지 않아. 난 네 곁에 있는 걸 좋아해."

"제 곁에 계셔 주셔서 든든해요. 그렇지만 언제까지 이렇게 살아요? 제가요?"

"주님의 뜻……"

"커튼을 닫아 줘요. 주님의 뜻은 없어요. 악마의 뜻은 있을지 몰라도요. 있다 해도 악마에게 밀리는 바보겠죠."

"난 너를 이해 해."

"고마워요. 그런데 한 가지 결혼에 대해선 생각 해 본 적 없어요?"

"생각했었다면 결혼 했겠지. 없어!"

"거짓말이죠?"

"그건 네 마음대로 생각해도 좋아. 우린 좋아하는 사이지 신뢰하는 사이는 아닌가 보군."

"결혼은 불결해."

"그렇지 않아. 결혼은 성스러운 거야."

"진심을 속이지 말아요. 그렇게 성스러운 일을 왜 거부했어요?"

"거부하지 않았어. 세상에는 모두에게는 쉬운 일이 자신에게는 어려운 게 있거든. 너도 다른 사람처럼 살지 못 하는 것과 같은 거. 이해되지?"

"아줌마! 나 복지원에 가게 되나요? 정말 가기 싫은데……이대로 아줌마 하고 있으면 되는데. 제가 힘들어서 떠나시려는 거죠?"

"그렇지 않아. 우선은 너의 자립 때문이고 또 하나는 내가 가장 존경하는 신부님께서 위독하셔. 돌봐드리고 싶어서 결정했어. 넌 내가 아니더라도 보살펴 줄 사람들이 주위에 많잖니?"

"태풍이 멈추면 떠나. 부탁야."

"그래, 그러자"

"바람이 내 안으로 들어오면 난 또 어떻게 변할지 몰라, 또 무슨 일을 저지를지 몰라. 나를 잡아줘. 내게 신심만을 강조하려 들지 말고 지금의 나를 구원해 달라고"

"그래, 노력하자"

태풍이 멈추고 여름이 거의 지나가고 있을 즈음 난 장애인 복지원에서 보내온 봉고 차를 타고 부천으로 갔다. 복지원 생활을 할 준비가 되어 있지 않은 나를 교육하느라 수녀님들은 진땀을 뺐다.

내가 그 곳에서 달라져 나올 거라고 믿는 가족은 아마 아무도 없었을 것이었다. 그런 나를 떠나보내는 것은, 변화의 기적을 믿는 것과 그 다음은 포기였다. 오랜 세월 나로 인해 너무 고통스러웠었다. 사실 여러 차례 시도 해 보았던 자살도 내게서 가족들을 해방 시켜 주기 위해서였는데 결국 난 아무 것도 해 내지 못 했다.

이건 적응이 아니라 수치스러움의 극치였다. 내 전신을 가족이 아닌, 아줌마가 아닌 사람들에게 드러내 보인다는 것이 참을 수 없었다. 가족은 이젠 그 어떤 요구도 들어 주지 않을 것이다. 내가 배변의 뒤처리를 나와 아무 관계없는 사람들에게 맡기며 몹시 수치스러워 한다는 것을 무시했다. 매일 낯선 사람들의 도움으로 목욕을 하는 굴욕도 당연히 무시했다. 여직까지 해 오던 일들을 타인에게 맡기고 있는 그들은 내 자존심 따위에는 관심이 없다. 나의 존엄성은 조금도 존재하지 않았다. 그 어느 곳에도. 난 적응할 수 없다는 걸 알았다. 난 너무 일찍부터 편안하게 길들여져 있었다. 내가 살기보다는 죽기를 더 소망해 온 것도 모두 그 편안함 탓이다. 이제라도 생각을 바꿀 수 있다면 모르겠다. 그러기에는 난 너무 지쳐 있었고 또 만신창이가 되어 있었다. 이 몸뚱이로 더 살아 무슨 낙을 보겠다고 입술을 깨물고 이런 수치와 굴욕을 견뎌낸단 말인가. 난 수녀님들을 설득 해 휴가를 허락 받았다. 갈 곳 있는 나를 부러워하는 동료들의 슬픈 눈빛을 바라보며 난 눈물을 흘렸다. 아무리 머리를 짜내도 그들을 도울 수는 없었다. 난 그들보다 더 중증의 장애자이니까.

가족들은 내 휴가를 반기지 않았다. 필시 무슨 곡절이 있을 거라고 빨리 되돌아 갈 것을 은근히 채근했다. 난 복지원 의사의 처방 약을 몽땅 화장실 변기 속에 쏟아 부었다. 엄마는 내 약부터 챙겼다. 난 거짓말을 했다. 곧 돌아갈 거니까 약은 조금 가지고 나온 거라고 했다. 조금 미심쩍어 하는 눈치였지만 믿어 주는 듯 했다. 아마 내가 되돌아 간다는 말에 안심하였을 것이다.

변기는 아직도 막히는 모양이다. 그렇다면 조카들도 그 속에 휴지 넣기를 즐기는 것 같다. 옥천 댁이 늘 놓아두는 곳을 찾아본다. 미처 치우지 못했다. 선뜻 집지 못 하고 물끄러미 바라다본다. 내 진심으로는 집을 수 없다. 나의 지배자를 불러내고 싶어 한다. 나의 지배자는 이럴 때 어김없이 찾아 와 빠르게 명령하고 시행하기를 독려 하곤 한다. 마셔! 어서! 병을 들고 뚜껑을 열고 향과 맛을 보려 들지 말고 그냥 쏟아 부어 버려! 그러면 너는 낙원에서 행복해지는 거야. 어서! 빨리! 한 번도 거역할 수 없었던 힘이었다.

이윽고 난 검사와 둘이 앉아 있다. 물어 볼까요? 자신이 상황 설명을 할래요? 난 침묵했다. 검사는 결심한 듯이 차근차근, 조목조목 묻기 시작했다. 나는 짐승처럼 울부짖었고 그 이후로는 검사한테 가지 않았다. 내 병은 그렇게 해서 시작되었다. 어머니는 나를 법정에 세우는 데 실패한 것이다. 내 지배자의 명령에 따르기 전 잠시 내 머리를 지나간 생각이다.

난 단평수의 팔에 안겨 있다. 밀쳐내려 애를 쓰면 쓸수록 그의 팔은 근육질의 단단함으로 바뀐다. 난 숨을 쉴 수 없어 한다. 그의 혀끝이 수세미처럼 깔깔하게 입안을 헤집고 들어온다.

나는 또 당할 수 없다는 생각으로 몸을 비튼다. 말하고 싶다. 놓아

달라고 애원하고 싶다. 그러나 나는 점점 더 빠르게 후끈거리는 열기 속으로 빠져 들어 가고 있었다.

"이번에는 힘들겠어요."

"살려주세요. 어떻게든지, 제발요!"

"저러구 살면 뭘 해요. 편히 가게 놔두세요."

"안 돼! 죽어선 안 돼!"

"죽기 원하는 핏줄이 어딨어요."

"그러지 마라 에비야. 불쌍하잖니? 가엾잖아?

어머니의 음성이 바람을 타는 듯 이어졌다 끊겼다 했다. 오빠의 침울한 모습도 떠오른다. 눈을 뜨고 싶다. 그런데 내 눈은 꼼짝하려 들지 않는다. 잠들고 싶어진다. 누군가의 손이 내 얼굴을 만진다. 쓸어내린다.

"희망이 없어요. 깨어난다 해도 잠깐에요."

"안돼요. 그냥 놔두세요. 혹 알아요. 지금까지 모질게 이어 온 목숨에요. 깨어날 수도 있어요. 그냥 놔둬요."

"어머니!"

"놔둬라. 저 아이는 죽지 않는다. 우리가 좀 많이 당해 봤니. 안 죽을 꺼다."

의식이 되돌아 올 때마다 난 강한 삶의 의욕을 느끼곤 했다. 불현듯 가늘어진 생명선을 잡고 싶어 한다. 아니, 그럴 기력마저 없다. 난 이미 죽어 가고 있는 것이 틀림없다. 의사는 포기를 준비 시키고 있지 않은가. 난 활짝 열리지 않는 의식 속에서 내 얼굴을 쓰다듬고 있는 주인공들을 생각하고 있다. 엄마일수도 세실리아 아주머니일 수도, 또 마리아 수녀님일 수도 있다고 생각한다. 아니면 자꾸 떠지는 눈을 감기려는 저승사자일 수도 있다고 생각하는데 등 쪽을 잡아끄는 또 하나의 강력한 힘을 느낀다. 이럴 때 나의 지배자는 눈을 뜨라는 명령을 잊은 것 같다. /끝

■ 편집후기

생활의 팩션

팩션은, 사실인 팩트(fact)와 거짓인 픽션을(fiction) 아우르는 신종용어입니다. 요즘 문인들은 이 팩션이라는 단어를 잘 씁니다. 사실에 재미있는 거짓을 좀 섞자는 뜻에서 입니다. 저는 우리의 일상에도 팩션이 필요하다고 생각합니다. 누군가와 대화를 할 때에 듣기 싫어도 귀담아 들어주는 아량도 팩션이고 미운 이를 만나도 반갑다며 웃을 줄 아는 미덕도 팩션입니다. 칭찬을 받으면 못남을 잘 알면서도 기분은 좋습니다. 보고 생각하는 그대로만 드러내면 세상은 살맛이 없어집니다.

대한 사이버문학이 이번에 21호를 발간합니다. 열심히 노력하건만 언제나 작품은 모자람이 많습니다. 용기를 북돋우는 찬사야 말로 생활의 팩션이 아닌가 생각합니다. 쇠장해지는 기억을 붙들기에는 글쓰기만큼 좋은 짓거리가 없습니다. 경제와 건강은 갈수록 어려워지지만 이제껏 그러하였듯이 우리는 22호를, 23호를 연이어 출간 할 것입니다. 그러기 위하여 정신에 녹이 슬지 않도록 열심히 닦고 가꾸어야함은 필수입니다. 〈동화작가 정이식〉

환청
대한사이버문학
제21호 2014

인 쇄 일 : 2014년 3월 25일
발 행 일 : 2014년 3월 29일
지 은 이 : 대한사이버문학회
편집주간 : 서혜원
편집위원 : 정이식 류인복 이상야 천홍자

http://cafe.daum.net/hankuk2003
▶ 구독신청 및 광고문의 : cryingbird50@hanmail.net
H.P 010-9705-7906
▶ 정기구독료 및 도서신청 입금 계좌번호
예금주 : 국민은행(서혜원) 056-21-0024-343

조판 · 인쇄 : 오늘의 문학사
대전광역시 동구 대전로 867번길 52 401호(삼성동 한밭오피스텔)
☎ (042) 624-2980
✉hs2980@hanmail.net

ISBN 978-89-5669-607-2
값 10,000원

* 이 도서의 국립중앙도서관 출판시도서목록(CIP)은 서지정보유통지원시스템 홈페이지(http://seoji.nl.go.kr)와 국가자료공동목록시스템(http://www.nl.go.kr/kolisnet)에서 이용하실 수 있습니다.(CIP제어번호: CIP2014009624)